ゼロから分かる！

知れば知るほど、面白い

# ジャズ入門

監修　後藤雅洋
（音楽評論家・ジャズ喫茶「いーぐる」店主）

世界文化社

まえがき

# ジャズとは何か？

後藤雅洋

「ジャズとは何か？」

これまでさんざん議論されてきたテーマですが、答えは意外とシンプルです。

「自分のやりたいことを楽器・声で表現する音楽」

これが私の解答です。

これにはいろいろな疑問が出てくるでしょう。ひとつひとつお答えいたします。

まずはクラシック、ポップスとの違いです。これらのジャンルはおおむね作曲・作詞家とプレイヤーが別人であるケースが多い。そうすると「やりたいこと」といっても原曲・詞の内容に一定の枠をはめられます。他方ジャズは「スタンダード」と呼ばれる「定番曲」でさえ、テンポ、譜割りはもちろん、感情表現までかなり大幅な改変が当たり前です。

そして世界に広がる民族・民俗音楽は、地域の伝統的な美意識の集成である以上、あまり自由な改変や個性的表現はバツ。結果、「ジャズ」だけが自己表現に最適な音楽として残るというわけです。

また、こうした特徴・本質ゆえに、もうひとつの特性もジャズは身につけてしまいました。それはクラシック、ポップス、ワールド・ミュージックといった他ジャンルの音楽を貪欲に取り入れ「ジャズ化」してしまうしたたかさです。その帰結として、今やジャズは「世界音楽」としての地位を獲得したのです。

Photo by William P. Gottlieb/Ira and Leonore S. Gershwin Fund Collection, Music Division, Library of Congress.

## ジャズには決まった形がない

ジャズは19世紀末、アフリカン・アメリカンを中心とした人たちによってカリブ海に面したアメリカ南部の港湾都市、ニューオリンズで自然発生した大衆芸能音楽です。「自然発生」「芸能音楽」という出自からして、原理・原則のようなものがあって生まれた音楽というわけではありません。しかしだからこそ、多くのミュージシャンたちによってさまざまなアイデアが付け加えられ発展する余地があったのです。

その代表が、ニューオリンズ出身のトランペット奏者、ルイ・アームストロング（1901〜1971）でした。1920年代、ルイは初期のジャズである〝ニューオリンズ・ジャズ〟のスタイルを受け継ぎつつ、独自の工夫を〝ジャズ〟に付け加えたのです。

それは演奏に自分だけの「声」を盛り込むことでした。ルイの場合、歌も歌うので彼ならではの魅力的なダミ声と、たとえとしての「声」、つまり楽器から人の声のようなリアルで存在感のあるニュアンスを生み出したのです。クラシック音楽では、作曲家の書いた楽譜の指定に従って吹くことが第一で、演奏者の人間味を付け加えることは優先事項ではなかったトランペットから、自分流の音を出してもそれが魅力的ならばいいじゃないか、ということをファンに知らしめたのです。ルイの演奏は聴き手を魅了し、多くのジャズマンが彼のやり方を見習ったのです。以来、ジャズは個性表現を第一とする音楽としての方向を定め発展し、現代に至っているのです。

ジャズクラブが立ち並ぶ1940年代半ばのニューヨーク52丁目の街並み。

## 即興演奏はジャズの本質ではない

その後1940年代に、天才的アルト・サックス奏者チャーリー・パーカー（1920〜1955）によって、ルイの「自分流演奏」の中に含まれていた「即興的要素」を飛躍的に高度化させた〝ビバップ〟というジャズ・スタイルが誕生しました。パーカーの影響はルイに負けず劣らず強烈で、以後ほとんどのジャズ・ミュージシャンが彼のやり方を踏襲し、いわゆる「モダン・ジャズ」の時代が幕を開けます。

以来ジャズの定義に「即興演奏」ということが広くいわれるようになりました。すなわち、即興ならざる演奏はジャズではないと。しかしこの考え方は、ジャズというたいへん幅広く多様な表現の可能性がある音楽の一面しか見ていないのです。問題の第一は、ビッグバンド・ジャズなど、作・編曲された要素を含むジャズを否定的にみる考え方に通じてしまうことです。

この問題を解きほぐすには、原初のルイの発想に立ち帰ってみることが必要です。彼がやったことは個性的表現の拡大ということでした。してみるとパーカーの高度な即興演奏も、個性発揮の「一手段」と考えられるのです。つまり即興自体はジャズの「目的」や「本質」ではないのですね。ルイの時代の「即興」は、メロディ・ラインに装飾を付けたり一部を改変するといった程度でしたが、パーカーは高度な音楽的知識と美的センスで「パーカーにしかできない」極めてスリリングな演奏を行なってファンを魅了したのです。

トランペットはディジー・ガレスピー。

# ジャズが目指すものとは？

しかしこのことは別の問題も生みました。パーカーは一種の天才だったのでこうしたハイレベルな演奏で聴き手を圧倒することができましたが、多くのジャズマンはなかなか彼の境地まで到達することが難しい。パーカーのサイドマンだったトランペッター、マイルス・デイヴィス（1926〜1991）は、この、個人のソロが唯一の聴きどころである即興第一主義が孕む限界にいち早く気づき、より幅広い個性表現の手段を模索します。

その第一は複数の楽器が織りなすアンサンブル・サウンドの追求です。この動きは後の〝ウエスト・コースト・ジャズ〟というムーヴメントに繋がります。もうひとつはパーカーの即興原理を援用しつつもそこだけに重点をおかず、即興部分とあらかじめ編曲されたアンサンブル・パートを有機的に結び付け、音楽としての統一感を保った〝ハード・バップ〟という〝ビバップ〟の発展洗練系ジャズです。

要するに「サウンド」の追求と「音楽的統一感」の獲得ですね。これは音楽一般の当たり前の姿といってもいいでしょう。しかしポイントはジャズの場合、その「当たり前」が個性表現のためという一点に集約されているところです。とりわけ「新たなサウンドの追求」というマイルスが見定めた道筋は、以後ジャズの発展に大きく寄与することになります。そしてマイルスは60年代後半にはロック・サウンドを取り入れるまでになりました。

ナット・キング・コール（ヴォーカル、ピアノ）・トリオ。

## どんなに姿が変わってもジャズはジャズ

ところで、「ほかの音楽的要素を取り入れる」と簡単に言ってしまいましたが、こうしたやり方を続けていくと、もともとの音楽ジャンルとはかなり違ったものになってしまうのではないでしょうか。確かにルイの時代の〝ジャズ〟とマイルス以降の音楽は大きく変化していますし、最新ジャズに至っては原初のニューオリンズ・スタイルとは似ても似つかないものとなっています。

ふつうここまで変容した場合、音楽ジャンル自体の名称も変わってしまうものなのですが、ジャズは相変わらず〝ジャズ〟のまま通用しているのはどうしてなのでしょう。それにはいくつかのわけがあります。第一はパーカー、マイルスはじめ、ほとんどのジャズ・ミュージシャンが先輩ジャズマンの影響を受けつつ、自分流のやり方を開発していること。そしてその各自の工夫の目的が、原初のルイの発想～個性の発揮のためという一点に集約されていることに尽きます。つまり表面的には大きく変容していても、ジャズの伝統は現代にまで連続しているのです。

## ジャズはもとから世界の音楽「全部入り」

それが可能だった理由は、〝ジャズ〟という音楽の出自にまでさかのぼると見えてくるのです。ジャズ発祥の地であるニューオリン

ファッツ・ナヴァロ（トランペット／左）とチャーリー・ラウズ（テナー・サックス）

ジャズ・ヴォーカルの女王、エラ・フィッツジェラルド。

ズは、かつてスペイン、フランスが統治していた時代がありました。一般にジャズはアフリカン・アメリカンの音楽といわれていますが、彼らジャズ誕生に寄与したミュージシャンたちは、ラテン文化圏でもあったニューオリンズで生まれ育っているのですね。

そしてもうひとつ、フランスが宗主国だった時代、フランス人男性とアフリカ系の女性との間に生まれた子供の権利もある程度保護されていました。この人たちのことを「クレオール」と呼びならわしますが、彼らの中にはクラシック音楽の素養を身につけたミュージシャンもおり、そうした人材がジャズ誕生に深く関わっていたのです。

ですから、アフリカン・アメリカンの間から自然発生した大衆芸能音楽とはいっても、ジャズは誕生の時からラテン文化や西欧音楽の要素をも含んだ「混交・融合音楽」としての性格が強かったのです。ジャズは最初から「融合」への耐性が強い音楽ジャンルということができるのです。

この「融合への耐性の強さ」は、また別の特性も生みました。それはラテン、ロック、クラシックなど多様な音楽ジャンルの要素を取り入れても、そちら側に取り込まれてしまう、つまり音楽ジャンル自体が変容してしまうことがなく、むしろ他ジャンルを栄養としてより大きく育っていくたくましさを身につけたのです。そうした一種のしたたかさが、現代ジャズをもはやブラック・ピープルの専有物に留まらない「世界音楽」たらしめているのです。

# 目次

まえがき
ジャズとは何か？　後藤雅洋　2

第1章
世界はジャズに溢れてる?!
今こそジャズを聴くべき時　13
〈対談：後藤雅洋×村井康司〉

第2章
ジャズの世界を感じよう
映画とマンガと本で聴くジャズ　21

第3章
音楽と世界の100年を見通す
早わかりジャズの歴史
31

ジャズと世界の「100年」年表
「多様性の音楽」ジャズの歴史
Ⅰ　ジャズの誕生から1930年代まで
Ⅱ　1940年代から1960年代まで
Ⅲ　1970年代から現在まで

第4章
あなた好みのジャズが必ずある
ジャズのスタイル10
49

1　初期のジャズ　ジャズの発祥
～ニューオリンズ～スウィング
2　ビバップ
3　ウエスト・コースト・ジャズ
4　ハード・バップ
5　モード・ジャズ
6　フリー・ジャズ
7　フュージョン
8　ビッグバンド・ジャズ
9　ジャズ・ヴォーカル
10　21世紀のジャズ

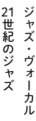

第5章
このひと吹きが世界を変えた
ジャズの先駆者10
73
1 ルイ・アームストロング
2 デューク・エリントン
3 チャーリー・パーカー
4 セロニアス・モンク
5 マイルス・デイヴィス
6 ビル・エヴァンス
7 ジョン・コルトレーン
8 ウェイン・ショーター
9 ハービー・ハンコック
10 ジョー・ザヴィヌル

第6章
知っていると10倍楽しい
ジャズの常識曲〈ジャズ・スタンダード〉25
119

第7章
いつだって現在進行形！
21世紀のジャズとジャズマン10
147

1 カマシ・ワシントン
2 ロバート・グラスパー（R+R=NOW）
3 ダニー・マッキャスリン
4 ブラッド・メルドー
5 マリア・シュナイダー
6 挾間美帆
7 カート・ローゼンウィンケル
8 ゴーゴー・ペンギン
9 シャバカ・ハッチングス（Sons of Kemet）
10 マティアス・アイク

## 第8章 さあジャズを聴きに行こう！
## 全国おすすめジャズ喫茶&ライヴハウス・ガイド 161

ジャズ喫茶編 162
ライヴハウス編 174

## ジャズをもっと知るための ジャズのキーワード100 180

コラム

ジャズの楽器にルールはない 72
早わかり日本のジャズ史〈1〉 118
早わかり日本のジャズ史〈2〉 160

人名索引 188

# 本書の見方

【記載事項について】

＊本書では、楽曲名を〈　〉で、アルバム名を『　』で表記しています。
＊アルバム紹介に添えられている年号は、アルバムの録音年です。録音年がアルバムに明示されていないものは発表年を記載しています。
＊アルバム紹介に添えられている「Blue Note」「Riverside」「Columbia」などはレーベル名称です。

【二次元コードについて】

◎本書で紹介している音源を集めて、章ごとにインターネット上の音楽サブスクリプションサービス「Spotify（スポティファイ）」のプレイリストを作成しています。各章扉の二次元コードは、そのプレイリストにリンクしています。スマートフォン等でアクセスすると、音源を聴くことができます。なお、Spotifyの取り扱い曲の制約等から、紹介していない音源もあります。
＊Spotifyの利用については同社の利用規程に準じ、弊社が動作等を保証するものではありません。接続、聴取には料金が発生する場合があります。また、予告なくプレイリスト、収録音源が利用できなくなる場合があります。

※掲載の情報はすべて2022年11月現在のものです。

【楽器等の略号】

| | |
|---|---|
| arr | ：編曲 |
| as | ：アルト・サックス |
| b | ：ベース |
| bcl | ：バス・クラリネット |
| bs | ：バリトン・サックス |
| cl | ：クラリネット |
| cond | ：指揮 |
| ds | ：ドラムス |
| fl | ：フルート |
| g | ：ギター |
| kb | ：キーボード（シンセサイザー含む） |
| p | ：ピアノ |
| per | ：パーカッション |
| sax | ：複数種のサックス |
| ss | ：ソプラノ・サックス |
| tb | ：トロンボーン |
| tp | ：トランペット |
| ts | ：テナー・サックス |
| vib | ：ヴァイブラフォン（ヴィブラフォン） |
| vo | ：ヴォーカル |
| voice | ：ヴォイス（歌詞を伴わない声） |

上記のほかは、楽器名を記載しています。

# 第1章

## 世界はジャズに溢れてる?!
# 今こそジャズを聴くべき時

〈対談：後藤雅洋×村井康司〉

この楽器は？
**トランペット**

輝かしく響く高音が特徴の、まさにジャズの花形楽器。唇の振動が発音源なので、楽器は演奏者の身体の延長といえます。

Spotifyプレイリストの二次元コードです。右ページ参照。

# 「今こそジャズを聴くべき時」

**後藤雅洋**（音楽評論家・ジャズ喫茶「いーぐる」店主・本書監修者）
**村井康司**（音楽評論家・尚美学園大学音楽表現学科講師）

**現在のジャズをとりまく環境は、ジャズ音楽と同様に日々変化し続けています。55年間もジャズを聴いてきたジャズ喫茶のマスターと、キャリア40年超の音楽評論家がともに語るのは、「現在は、実は誰もがすでにジャズを聴いている」時代だということ。あなたがふだん聴いている「ジャズ以外」の音楽の中にも、ジャズはたっぷりと詰まっているのです。**

## 「ジャズ最強音楽」説

**後藤**：最近ね、ジャズを取り巻く環境というのがどんどん変わってきているように思うんです。そしてそれに伴ってジャズの聴き方というか、聴く側の意識も変わってきた。まず、その変わる前というのを話すと、私がジャズ喫茶を始めた１９６０年代においては、ジャズっていうのはあんまり一般的な音楽ではなかったんです。それが80年代ぐらいから普通の音楽の中にジャズが完全に入り込んでしまった。いつ頃かな、ポップスの間奏とかでジャズとして聴いても非常にレベルが高い演奏があったり……。

**村井**：ああ、それは実感として覚えていることがあります。もう少し前、70年代にアメリ

**❶**
ジェイムス・テイラー『ワン・マン・ドッグ』
1972年（Warner Bros.）

テイラーは、フォークの香りが漂うポップス・シンガー。〈寂しい夜（Don't Let Me Be Lonely Tonight）〉には、ジャズのテナー・サックス奏者、マイケル・ブレッカーのソロがフィーチャーされています。

カのポップスやシンガー・ソングライターを好きで聴いていたんですけど、72年にジェイムス・テイラーの『ワン・マン・ドッグ』❶というアルバムを聴いたんです。

**後藤**：私は辛気臭い感じがしたな（笑）。

**村井**：そう？（笑）その中の1曲にマイケル・ブレッカーが入っている曲があるんですけど、彼のひと吹きで、それがいきなり洗練された「夜のしじまに」みたいな感じになっちゃったんです。このテナー・サックスのソロがまったくのジャズなんです。

**後藤**：私はね、その頃のソウルもアメリカン・ポップスも好きだったけど、ジャズはそれらとは全然違っていた。だからジャズはかっこいいと思ってたの。

**村井**：これはあとで気がついたことだけど、60年代もビーチ・ボーイズでバーニー・ケッセルがギターを弾いていたり、ママス&パパスの〈夢のカリフォルニア〉の間奏でバド・シャンクがフルートを吹いていたりというのもあるんです。まあこれはジャズマンのスタジオ・ミュージシャンとしての「お仕事」だったけど。

でも、70年代に入ってからはいろんな音楽でジャズの演奏家を積極的にフィーチャーしたり、ジャズのサウンドを取り入れて、これまでと違う何かをやろうという動きが出てきた。プログレッシヴ・ロックのキング・クリムゾンには、サックスのソロがバリバリ入ってますが、けっこうフリー・ジャズだったりしますね。そこからジャズを〝発見〟した人も多いんじゃないかな。また、ビリー・ジョエルの〈素顔のままで〉❷は、間奏のサックスがめちゃくちゃ歌ってて、ジョエルの歌よりいいなって思ったらフィル・ウッズだったりとか。ジョニ・ミッチェル❸はバックがみんなジャズマンだから、これはもう〝ジャズ〟

❷ ビリー・ジョエル『ストレンジャー』1977年（Columbia）

ジョエルの大ヒット曲〈素顔のままで（Just The Way You Are）〉の間奏とエンディングのソロは、フィル・ウッズのアルト・サックスによるもの。ウッズはビバップ（▶54ページ）スタイルの巨匠です。

❸ ジョニ・ミッチェル『シャドウズ・アンド・ライト』1979年（Asylum）

ジャコ・パストリアス（b）、パット・メセニー（g）、マイケル・ブレッカー（ts）ら、バックは全員ジャズ・ミュージシャン。ジャズ界では不可能なほどの豪華顔合わせ。もはやロックではなくジャズ。

だ、とかね。

**後藤**：日本でもユーミン〈松任谷〈荒井〉由実〉❹があった。すごくジャジーなテナー・ソロが。

**村井**：そうそう。当時の大貫妙子❺もかなりジャズだった。あと、ソウル・ミュージックもある時期からジャズっぽくなりますね。ソロだけでなく、たとえばダニー・ハザウェイがジャジーなコードを使ったりとか。

**後藤**：だからその時期に音楽を聴き始めた人、演奏を始めた人って、ジャズは特別って言ってきた私のような古いタイプ（笑）とは感覚が違ってきて当然ですよ。そういう状況を見てね、私はかねがね「ジャズ最強音楽」説を説いているんですよ。

**村井**：最強？

**後藤**：つまりね、その話でいうと「プログレッシヴ・ロックがジャズ的要素を取り入れてロックの表現力を広げた」という人はあまりいないと思うんですよ。ロックはロックのまま。でもジャズがプログレ要素を取り入れると、「ジャズの表現力」は確実に広がる。ジャズは平気でほかの音楽に入り込んで、自分の領域を広げるんですね。ジャズは柔軟なんです。

## なぜラーメン屋でジャズがかかっているのか？

**後藤**：ジャズをとりまく環境の変化でとても驚いたことがあって、１９７３年のことなんですけど、スーパーマーケットのＢＧＭで『リターン・トゥ・フォーエヴァー』（▼65ページ）

❹ 荒井由実『ひこうき雲』
1972年（アルファ）

ボサ・ノヴァ風の〈きっと言える〉でソロをとるのは、ジャズ・テナー・サックスの大御所、西条孝之介。意識的にスタン・ゲッツのように吹き、ソロが始まった途端、場は一気にジャズの雰囲気に。

❺ 大貫妙子『サンシャワー』
1977年（日本クラウン）

このオシャレなシティポップをバックで支えていたのは、当時フュージョンを牽引していた渡辺香津美(g)、清水靖晃(ts)らジャズ・ミュージシャンたち。サウンドはジャジー、間奏のソロは完全にジャズ。

がかかっていたんです。これは時代が変わったなと思いましたね。
**村井**：今や〝フュージョン〟はBGMの定番ジャンルですよね。
**後藤**：BGMを、意識して聴いている人はいないかもしれないけど、ジャズが社会に進出した、いや侵食したと（笑）。
**村井**：無意識とはいえ、違和感なく聴けている。
**後藤**：そのひと昔前なら、「何このBGM？」という反応があってもおかしくない。それが今では一風堂※1でも〝ハード・バップ〟（▼58ページ）がかかっているじゃないですか。でも普通の人にとっては全然問題ない。
**村井**：居酒屋もソバ屋もみんなBGMはジャズ。邪魔にならないんですよね。
**後藤**：でも我々ジャズ・ファンには、すごい邪魔なの。なぜかっていうと、聴き込んじゃうから（笑）。ブラインド※2始めちゃって、ラーメン伸びちゃう（笑）。
**村井**：どっと広がったのはここ30年くらいですかね。
**後藤**：私たちのような強度な（笑）ジャズ・ファンはともかく、一般にはジャズはオシャレな音楽として認識されたということなんですね。これはすごく大きな「刷り込み」になってくるんですよ。
**村井**：たとえば大貫妙子のシティポップでも、椎名林檎❻のJポップでも、その「ジャズっぽさ」というのはブラインドして楽しむようなアドリブ・ソロではなく、サウンドなんですよね。コードの動きや全体の雰囲気というかね。この、ジャズ的なある種のサウンドがものすごく浸透して、今はあらゆる音楽に入り込んでいる。

❻ **椎名林檎『無罪モラトリアム』**
**1999年（ユニバーサル）**

〈丸の内サディスティック〉のコード進行は、Jポップでは多くの曲で引用されている定番ですが、その「元ネタ」は、グローヴァー・ワシントンJr.(sax)の「ジャスト・ザ・トゥー・オブ・アス」でした。

※1
一風堂：福岡発祥のラーメン専門店。日本全国のほか海外にも支店を持つ。店内BGMは1号店の開店当時からジャズ。

※2
ブラインド：「ブラインド・フォールド・テスト」のこと。音だけを聴いて誰の演奏かを当てるテストで、マニアはこれでジャズ知識を競う。

後藤：60年代のジャズ喫茶では、ジャズはスピーカーに向かって正座して聴く音楽だった。もちろんたとえだけど（笑）。それはなぜかというと、それほど真剣に聴かないとわからないんだよね。文脈がまずわからない。だから昔ながらのジャズ・ファンは、こういう風潮はジャズが軽んじられているなんていうんだけど、今は聴きながらラーメン食べられるくらいになった。

村井：なるほど。さすがに民族音楽じゃそうはいかない。ジャズが時代の空気になったということなんでしょうね。テレビCMでも〈テイク・ファイヴ〉⑦が頻繁にかかった時は驚きました。これはジャズのど真ん中じゃないですか。どこかでジャズの本物を迎え入れる環境ができたんですね。今ではテレビ番組のテーマもジャズが当たり前⑧。

後藤：いろんな人がジャズの面白さに気がついたっていうかね。最初の話で、ジャンルの「相互乗り入れ」が広まったところで、結局ジャズが「勝っちゃった」ということかな。

## もう聴いてますよ。安心してください

後藤：こういう「ジャズっぽさ」はうわべだけの理解でしかないという意見もあって、それはわからないわけじゃないけど、「ぽさ」の部分だけでも魅力がわかるというのは、ジャズのすごいところなんですよ。怖いところとも言えるかな。ジャズは「ぽさ」から入れるんです。心理的、音楽的抵抗のハードルはすごく下がってきている。たとえば、いきなりまったく馴染みのない現代音楽やインド音楽を聞かされたりすると、好き嫌いがあるか

⑦ デイヴ・ブルーベック『タイム・アウト』1959年（Columbia）

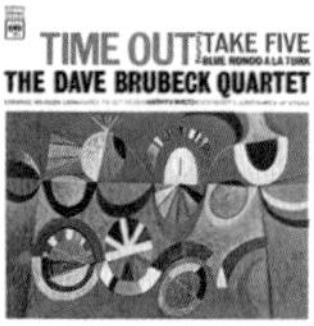


ここに収録されている〈テイク・ファイヴ〉は、1981年から健康飲料のテレビCMで使われ、頻繁に流れました。この、録音当時は特異なものだった5拍子ジャズも、今では誰にも違和感はありません。

⑧ アート・ブレイキー＆ザ・ジャズ・メッセンジャーズ『モーニン』1958年（Blue Note）

NHK BS、Eテレで放送中の『美の壺』のテーマソングはここに収録されている〈モーニン〉。かつては正座して聴いた（?）ハード・バップを代表する名演も、今ではBGMとして聴くのも日常のこと。

## ほかにもたくさん「あなたはすでにジャズを聴いている」

**SMAP『SMAP 006 SEXY SIX』**
1994年（ビクターエンタテインメント）

『006』からの６作品(1994～98年)には、ブレッカー・ブラザーズら当時最高のジャズ・ミュージシャンが大挙参加していました。その演奏は、「アイドル」SMAPのイメージを大きく変えました。

**ディアンジェロ『ヴー・ドゥー』**
2000年（Virgin）

ネオ・ソウル／R&Bの牽引役、ディアンジェロが2000年にリリースした大ヒット作『ヴー・ドゥー』。バックに流れるクールなホーン・サウンドのアレンジと演奏はロイ・ハーグローヴ (tp) によるもの。

**マイケル・ジャクソン『BAD』**
1987年（Epic）

〈BAD〉の間奏は、ジャズ・オルガンのレジェンド、ジミー・スミスのソロ。プロデューサーのクインシー・ジョーンズは元ジャズ・トランペッターでアレンジャー。ジャズ色が強いのは当然。

**スティング『ブルー・タートルの夢』**
1985年（A&M）

ザ・ポリス活動停止後にスティングが新結成したバンドは、全員が当時絶好調の若手ジャズ・ミュージシャンでした。その後のスティングの音楽は、ここでのジャズのサウンドがベースとなりました。

もしれないけど、まず違和感があるでしょ？　でもジャズについては、今は無意識の感受性ができあがっているんです。

**村井**：この本を手に取る方は、ジャズを聴いてみたいけどそのためには何をどう聴けばいいんだろうと考えていると思うんですけど、まあ、そこで言いたいのは、「あなたはほかの音楽を聴くことで、もうすでにちゃんとジャズを聴いていますよ」ということなんです。どうぞご安心ください（笑）。

## BGMでもいいんです

**後藤**：最近はコロナの影響もあるのか、店（ジャズ喫茶「いーぐる」）のお客さんの様子も変わってきた。若い人がとても増えました。リモートワークを家でやっていてもつまらないのか、店にパソコンを持ち込んで仕事している人も増えている。だからウチは会話禁止だしWi-Fiもあるし大歓迎って宣伝もしている。昔なら「ジャズ喫茶の堕落だ」と言われたかもしれないですけど。で、そういう人たちが、パソコン作業の途中でふと顔を上げて、演奏中のCDジャケットをスマホで撮ったりしている。ボーッと聴いていたとしても、ジャズのよさはちゃんと聴き取っているんです。

楽しんでるのかな、なんて最初は心配しましたが、そんなことはまったくないですね。村井さんは大学でジャズを教えているけど、大学生はどう？

**村井**：面白い傾向があってね、僕らは30年代と80年代のジャズは区別して聴くけど、若い人にとっては同じく「昔のジャズ」なんです。

**後藤**：たしかに、私にとっても明治と大正は一緒だ（笑）。

**村井**：学生が発表会で（60年代の）フレディ・レッドの曲なんかを演奏するわけ。入学した時はヘヴィ・メタルをやっていたドラマーが、卒業する時にはフィリー・ジョー・ジョーンズ（のスタイル）になったりしている。理由を聞くと「好きだから」って。

**後藤**：それでいいんですよ。いいと感じた好きなものを聴けばいい。ジャズはどこからでも入っていける。ラーメン屋のBGMからでも、テレビからでもね。

**村井**：いいものはわかる。Official髭男dism《ヒゲダン》⑨でも星野源⑩でも、今はジャズのおいしいところをどんどん取り入れて音楽を作っている。そういう音楽が日々流れて、何百万人もの人が聴いている。そういう環境にあって、ビル・エヴァンス（▼98ページ）を耳にすればね、そのよさはいやでもわかりますよ。

**後藤**：音楽聴取のリテラシーは、ひと昔前に比べれば世の中全体で何段階も上がっているんですよ。だから「**今こそジャズを聴くべき時**」なんです。

**村井**：そうそう、もうジャズのうんちくばかりを語るおじさんの言うことを聞く必要はないんです（笑）。

**後藤**：それは私のことではないよな？（笑）

⑨ Official髭男dism『ミックスナッツ』（シングル）
2022年（ポニーキャニオン）

ストリーミング再生５億回超の曲を持つ４人組ポップス・バンド「髭男」。この曲のリズムは「４ビート」。ジャズを特徴づけるこのリズムも、現在では違和感なくポップスに溶け込んでいます。

⑩ 星野源『POP VIRUS』
2018年（JVCケンウッド・ビクターエンタテインメント）

「ジャズ」をそのまま取り込むようなところはありませんが、ジャズのサウンドが自然に響いています。ブラック・ミュージックからの影響も強く、「21世紀のジャズ」（▶148ページ）に通じる感覚も。

## 第2章

ジャズの世界を感じよう

# 映画とマンガと本で聴くジャズ

この楽器は？

**トロンボーン**

スライドで音程を作るなめらかなフレーズと柔らかい響きが特徴。音域は広く、ソロでもアンサンブルでも活躍します。

Spotifyプレイリストの二次元コードです。12ページ参照。

解説：池上信次

# 観るジャズ、読むジャズを楽しもう！

**世界はジャズで溢れています。映画にも本にもマンガにも。**
**そのストーリー、そしてその奥にもジャズの魅力が潜んでいます。**

死刑台のエレベーター

MOVIE

## 死刑台のエレベーター

■監督：ルイ・マル　音楽：マイルス・デイヴィス　出演：モーリス・ロネ、ジャンヌ・モロー
■フランス映画・1958年公開

### 都会の夜はジャズが作る

不倫殺人の完全犯罪計画が、予期せぬ事態で狂ってしまったところから始まるサスペンス。深夜の街をさまよう主人公（モロー）のバックで流れるマイルス・デイヴィスのトランペットが、夜そして都会のひやりとした空気を演出します。これ以上にここにふさわしい音楽は想像できないほど。ストーリーとジャズは関係なく、ジャズの演奏シーンもありませんが、「ジャズは都会の夜の音楽」ということをこれほど感じさせてくれる映画はほかにありません。ジャズの歴史を振り返ると、ジャズの現場はたいてい夜の都会でした。作曲と演奏はマイルス・デイヴィス。映画の内容を熟考して書かれ、演奏された音楽は、ストーリーを10倍、100倍魅力的にしています。もちろん映画としても超一級の面白さ。サントラCDをかければ、あなたの部屋はたちまち深夜のシャンゼリゼ通り。音楽は瞬間移動装置なのです。

『死刑台のエレベーター　オリジナル・サウンドトラック』(Fontana)

MOVIE

## バード

■監督：クリント・イーストウッド　音楽：レニー・ニーハウス　出演：フォレスト・ウィテカー
■アメリカ映画・1988年公開

### 天才サックス奏者の苦悩の人生

ジャズ・ファン以外はこのタイトルでは何の映画かさっぱりわかりませんが、「バード（鳥）」は、ジャズのスタイル〝ビバップ〟を創造したアルト・サックス奏者、チャーリー・パーカーのニックネーム。これはパーカーの伝記映画なのです。ボロクソに言われた駆け出し時代から、その死までがほぼ史実どおりに描かれています。パーカーは、フランス公演では投げられた花でステージがいっぱいになる大歓迎を受けるほどの世界的な人気がありながら、薬物やアルコール中毒から抜け出せず、私生活は破綻。失意のうちに自殺まで図ってしまうという、苦悩の連続の人生でした。35年に満たない人生を駆け抜けた天才は、何を考えてサックスを吹いていたのか……。

フォレスト・ウィテカー演じるパーカーの演奏シーンは「当て振り」ですが、サックスはレコードから抜き出したパーカー本人の音が使われています。しかしバック演奏は新録音の音源という「ヴァーチャル・セッション」なのでした。

MOVIE

## ジャズ大名

■監督：岡本喜八　音楽：筒井康隆、山下洋輔　出演：古谷一行、財津一郎
■日本映画・1986年公開

### 荒唐無稽の中に見えるジャズの本質

江戸時代の末期に、ニューオリンズから駿河の国に漂着した黒人3人が音楽好きの大名と出会って、城中でジャズのセッションをくり広げる物語、というと、なにやら「タイムスリップもの」にも思えそうですが、歴史的にはズレはありません。舞台はアメリカ南北戦争が終わった時代で、この黒人たちは解放された奴隷なのです。ジャズは彼らが楽器を手にして生まれたのでした（このあたりは次章を参照してください）。3人が持っ

バード

ジャズ大名

てきたのはコルネット、トロンボーンとクラリネット。大名はクラリネットを見よう見まねで演奏するうちにジャズに開眼。セッションに明け暮れるうちに城中が感化され、いつしか三味線や琴や太鼓、鍋、釜までが加わる一大セッションへ発展。さらにそこに通りがかりの「ええじゃないか」が加わって……。ストーリーは荒唐無稽なドタバタものなのですが、「言葉が通じなくても伝わる」セッションや、短いフレーズがどんどん広がってアドリブになっていく様子など、ジャズの本質とも言える部分が見え隠れしています。この時代にここまで「ジャズ」の形ができていたかは録音がないのでわかりませんが、あったとしてもおかしくはないでしょう。「ジャズの発祥」ってこんな感じだったのかも。筒井康隆原作の同名小説の映画化です。

MOVIE

**スウィングガールズ**

■監督：矢口史靖　音楽：ミッキー吉野、岸本ひろし　出演：上野樹里、貫地谷しほり、本仮屋ユイカ

■日本映画・2004年公開

## ジャズは演るのが楽しい音楽

女子高校生が、補習をサボるために始めたジャズのビッグバンド。楽器は初めてでジャズも知らないという彼女たちが、いつしかジャズの楽しさを知り、演奏会を目指して練習に励むが……。ストーリーは楽しい「青春もの」ですが、じつは「ジャズ講座」としても秀逸です。「ジャズはおっさんのやるもの？」から始まり、「ビッグバンドとは」「ジャズのリズムとは」、さらにジャズおやじによるうんちくなど、ストーリーの中でジャズについていろいろ説明してくれています。また、ジャズを演奏することは巧拙にかかわらず、とても楽しいものだということが感じられると思います。これからジャズの演奏をしてみようと思っている人には、年齢性別にかかわらず強くオススメします。

「すべての人間は2種類に分けられる。スウィングする者としない者だ」というセリフが終盤に出てきますが、観終わればみな「スウィングする者」

になっていることでしょう。

なお、ここでの演奏はすべて出演者本人によるもの。だから演奏シーンのリアリティと自然さは当然なのです。映画のストーリーさながらに練習したに違いありません。楽しさ溢れる素晴らしい演奏を聴かせてくれます。

スウィングガールズ

MOVIE

## ラ・ラ・ランド

■監督：デイミアン・チャゼル　音楽：ジャスティン・ハーウィッツ　出演：エマ・ストーン、ライアン・ゴズリング
■アメリカ映画・2016年公開

### じつはジャズを熱く語っている映画

前項に続いて「ジャズ講座」としてはこの映画も面白いです。ストーリーは、オーディションを受け続ける俳優志望（エマ・ストーン）と、その恋人のジャズ・ピアニスト（ライアン・ゴズリング）が、すれ違ったりしながらもそれぞれの夢を追い求めていくというもの。エマ視線で観ていくと「映画業界もの」ですが、ライアン中心に観ると「なんでここまで言う?」ほどのジャズのうんちくが語られていることに気がつきます。これは、ふたりが最初に出会ったシーンで「ジャズはキライ」「ジャズってケニーGみたいな、エレベーターで流れてる音楽のことでしょ?」とエマが言ったことが発端なのですが、ライアンがそれに答え、「サッチモは譜面通りに吹かなかったが、歴史を作った」とか「ジャズは死につつある。しかし……」など、そのまま本書のテーマになりそうなセリフが連発されます。ラヴストーリーのミュージカル映画ですが、（本書を読んで）ジャズをわかったあとで観直すと、きっとその説明の意味と「濃さ」に驚くと思います。

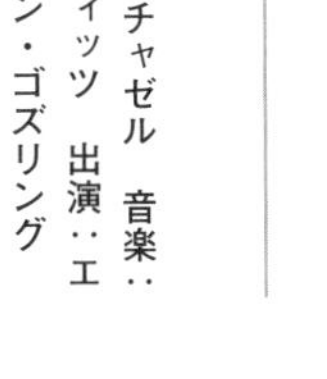


『ラ・ラ・ランド　オリジナル・サウンドトラック』(Universal)

MOVIE

## ブルーに生まれついて

■監督：ロバート・バドロー　音楽：デヴィッド・ブレイド、トドール・カバコフ、スティーヴ・ロンドン　出演：イーサン・ホーク、カルメン・イジョゴ
■アメリカ・カナダ・イギリス合作映画・2015年公開

ブルーに生まれついて

**ダメ男もひと吹きですべて帳消し？**

　これはトランペッターでヴォーカリストのチェット・ベイカー（1929〜88）の栄光と転落、そして復帰までを描いた物語。チェットを題材にした映画は、この前に本人出演のドキュメンタリー『レッツ・ゲット・ロスト』があり、このあとに『マイ・フーリッシュ・ハート』があります。

　それほど、チェットの人生は映画的というか現実離れしているものなのでした。ディテールは演出されていますが、ほぼ史実に沿って映画は進行します。どの時期のどのシーンもチェットはだいたい「ダメな奴」です。理由はクスリです。売人に（トランペッターの命である）歯を折られたというのは有名な実話で、この映画にもそのシーンがありますが、本人が前記のドキュメンタリーで悪びれず「それでもやめない」と告白しているように、事実がストーリーに説得力を与えています。でもそんなチェットでもひとたびステージに立つと、そんなことはどうでもよくなるほど演奏がすごい、ということなんですね。

　チェット役のイーサン・ホークは、出演のためにトランペットをトレーニングし（映画中の演奏は当て振り）、チェットばりのクールな歌声（これは本人）も披露しています。

　ストーリーの中心は〝ウエスト・コースト・ジャズ〟の時代。「パシフィック・ジャズ・レコード」のプロデューサー、ディック・ボック役も登場します。ウエスト・コーストはジャズ映画ではあまり舞台になっていないので、そこも見どころです。

MOVIE

**恋のゆくえ／ファビュラス・ベイカー・ボーイズ**

■監督：スティーヴ・クローヴス　音楽：デイヴ・グルーシン　出演：ミシェル・ファイファー、ジェフ・ブリッジス、ボー・ブリッジス
■アメリカ映画・1989年公開

**ジャズが彩る感情の機微**

『恋のゆくえ』は、副題の『ファビュラス・ベイカー・ボーイズ』が原題で、これは主人公ジャック・ベイカーとフランクの兄弟によるジャ

恋のゆくえ／ファビュラス・ベイカー・ボーイズ

ズ・ピアノふたりのデュオ・グループのこと（演ずるジェフ・ブリッジスとボーは実際の兄弟）。舞台は80年代のシアトルのナイト・クラブ。落ち目になってきたベイカー・ボーイズは、起死回生を狙って女性ヴォーカルを入れることを画策し、そのオーディションに現れたのがミシェル・ファイファー演ずるスージー。スージーはベイカーふたりの指導もあって、どんどん腕をあげて人気も上昇。そして兄弟ともにスージーに恋愛感情を抱くようになり……。まさに「恋のゆくえは？」というストーリー。実際にはピアノふたりのレギュラー・グループというのはほとんどないと思いますが（ピアノが2台必要）、ジャズ・クラブでギャラの交渉をしたり、ツアーに行ったりというのはジャズマンの日常そのものですね。

ジャズを見せる、聴かせるというのは、この映画の主題ではありませんが、ここにあるべき音楽はジャズ以外には考えられないですね。ジャズこそ感情の機微を表現する音楽だと感じられると思います。

劇中のミシェル・ファイファーの歌声は本人によるもの。ヴォーカルは「歌」だけの表現ではないんですね。俳優はやはり違うというか、大胆にピアノに乗ったり、ちょっとしたしぐさでどんどん聴き手を引き込んでしまいます。

メイン・テーマの「ジャックのテーマ」（デイヴ・グルーシン作曲）は名曲。甘く切なくほろ苦いストーリーにぴったり。サントラCDはファイファーの歌も入っていてオススメです。

『恋のゆくえ　オリジナル・サウンドトラック』（GRP）

MOVIE

**ラウンド・ミッドナイト**

■監督：ベルトラン・タヴェルニエ　音楽：ハービー・ハンコック　出演：デクスター・ゴードン、フランソワ・クリュゼ　■アメリカ映画・1986年公開

**「本物」の演奏は深いぞ**

主演はデクスター・ゴードン。本物のレジェンド・ジャズマンです。舞台はパリのジャズ・クラブ。ニューヨークから「伝説の」テナー・サ

ックス奏者、デイル・ターナー（ゴードン）がやってくる。しかし、かつては巨人だったターナーも今では酒に溺れ無残な状態に。それを見かねたジャズ・ファンでデザイナーのフランシス（クリュゼ）は物心両面で献身的にデイルを支え、ふたりは固い友情で結ばれる。そして再びデイルはニューヨークで活動することを決意するのだが……。ストーリーはバド・パウエル（ピアノ）とジャズ・ファンのフランシス・ポードラスの実話をもとにした友情物語なのですが、主演のデクスター・ゴードンもパウエル同様に渡欧し、またドラッグなどの問題も抱えていたこともあってか、演技にじつに説得力があるんですね（地ということかな?）。

ラウンド・ミッドナイト

この映画の重要ポイントはミュージシャンが「全員本物」であること。ゴードン（テナー・サックス）だけでなく、登場し演奏しているのはすべて（当時）現役バリバリのジャズマンたちなのです。ハービー・ハンコック（ピアノ）やボビー・ハッチャーソン（ヴァイブラフォン）は演奏だけでなくセリフもあって、俳優もこなしています（だいたい逆ですよね）。ハンコックが引き寄せたのか、映画という特別な場だけあって顔ぶれも豪華。劇中では日常の演奏も、実際はオールスター・セッションばかりです。これは今では、貴重な「記録映画」でもあります（ゴードンは90年死去）。演奏シーンはさまざまありますが、残念ながらその時間は短いので、サントラCDは必聴です。

『ラウンド・ミッドナイト オリジナル・サウンドトラック』(Columbia)

MANGA

## BLUE GIANT

■著：石塚真一 ■小学館ビッグコミックス ■2013年発表〜2016年完結（全10巻）

**心躍る「熱血」ジャズ・マンガ**

主人公、宮本大は仙台の高校3年生。ジャズに魅せられ、ひとり広瀬川の河原でテナー・サックスの練習に励んでいる。夢は「世界一のジャズ・プレーヤーになる」こと。そのために、努力とは、才能とは、信念とはと、困難に真正面からぶつかっていく「熱血」ジャズ・マンガ。さまざまな人と出会い、別れ、そしてひとつひとつ壁を乗り越えていく。しかし「根性もの」で済まされていないのは、ジャズという音楽の描写の深さゆえ。特筆すべきは楽器の描写がとても精密であること。演奏シーンのすごい迫力もこのディテールがあってこそ。続編の『BLUE GIANT SUPREME《シュプリーム》』はヨーロッパに、さらに『BLUE GIANT EXPLORER《エクスプローラー》』ではニューヨークに舞台を移し、物語は現在も進行中。ジャズは「世界言語」なのです。

MANGA

## 坂道のアポロン

■著：小玉ユキ ■小学館フラワーコミックスα ■2008年発表～2012年完結（全9巻）

**ジャズおやじも、きっと胸キュン**

舞台は1966年の九州の高校。転入生の薫は不良の千太郎と出会い、千太郎の好きなジャズを通じて友情を深めていく。そして薫は千太郎の幼馴染の律子に恋をして、しかし律子は……。という、ストーリーとしては「学園恋愛もの／青春成長物語」ではありますが、彼、彼女らを繋いでいるのが「ジャズ」というところが、ほかにはないこのマンガの大きな魅力なのです。薫はピアノを、千太郎はドラムスをプレイし、頻繁にセッションを重ねているのですが、これはまさにその時々の感情表現なのですね。「これがジャズなんだよ」とわざわざいうのも野暮ですが。物語中ではジャズ名盤の紹介もたくさん。薫の風貌（表紙絵）はビル・エヴァンスで、明らかにチェット・ベイカーのイメージの登場人物がいたりと、ジャズを知ってくるとそういう仕掛けも楽しく読めます。マンガ版のサントラCDは、薫らがお手本としている名演集。聴きながら読むと世界が広がります。なお、この作品はマンガのあとにアニメ化、実写映画化もされています。

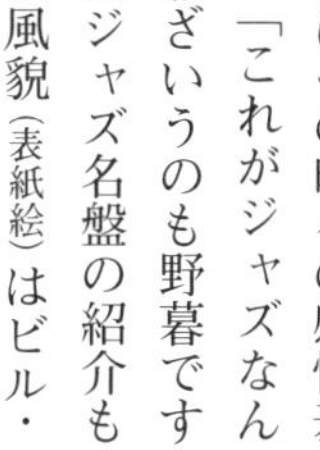

『坂道のアポロン　オリジナル・サウンドトラック』（EMI）

BOOK

## ジャズ小説

■著：筒井康隆 ■文春文庫
■1994年～1995年発表

### ストーリーと解説が一体化

ジャズをテーマにした12の短編集。SFから怪談まで内容はさまざまですが、どれにもジャズの魅力が凝縮されています。「ニューオリンズの賑わい」は、バディ・ボールデンを見るために1916年のニューオリンズにタイムトラベルする物語。わずか7ページの物語ですが、とびきりのストーリーと歴史解説が一体化しています。物語を楽しむとジャズも理解できてしまうというすごい話。

BOOK

## マイルス・デイヴィス自伝

■著：マイルス・デイヴィス、クインシー・トゥループ 訳：中山康樹 ■シンコーミュージック・エンタテイメント
■2015年初版発行

### “帝王”の人生はジャズの歴史

1989年に発表された、“ジャズの帝王”マイルス・デイヴィスの聞き書き自伝の邦訳。1940年代からの半生が事細かに、特に「オレ」と人との繋がりと、それを作った時代背景が詳細に記されています。ジャズを作ってきた人ですから、まさにジャズの歴史書そのもの。膨大な固有名詞が溢れる500ページを超える大著だけに、「ゼロ」ジャズの方には高いハードルですが、ちょっとつまんで読むだけでも、帝王の赤裸々な語りには引き込まれること間違いなし。ジャズがいかに人間くさい音楽かが見えてきます。

BOOK

## トミー・リピューマのバラード

■著：ベン・シドラン 訳：吉成伸幸、アンジェロ ■シンコーミュージック・エンタテイメント ■2021年初版発行

### 「外側」からジャズを見る

トミー・リピューマはジャズを中心にポピュラー・ミュージック全般で活動したプロデューサー。これは彼の評伝。手がけたアルバムの売上は7500万枚。マイルスらジャズマンのほか、ポール・マッカートニーやYMOまで多岐にわたるエピソードが紹介される、「外側」からの視点によるジャズの歴史は、きっと新鮮な驚きをもたらすことでしょう。

第3章

音楽と世界の100年を見通す

# 早わかり ジャズの歴史

この楽器は？

**アルト・サックス**

中音域のサックス。明るくハリのある音が特徴。速いフレーズも自由自在で、あらゆるスタイルのジャズで活躍します。

解説：村井康司

年表作成：村井康司、池上信次

Spotifyプレイリストの二次元コードです。12ページ参照。

# ジャズと世界の「100年」年表

## ジャズの出来事

1899 デューク・エリントン（p）、アメリカ、ワシントンDCで誕生

1901 ルイ・アームストロング（tp、vo）、ニューオリンズで誕生。当時すでにニューオリンズではジャズが形を整え、伝説的コルネット奏者、バディ・ボールデンが人気を博していた

1907 バディ・ボールデンが精神を病み入院（31年没）

1917 初のジャズ・レコードが、オリジナル・ディキシーランド・ジャズ・バンドによって録音・発売される／アメリカ合衆国が第一次世界大戦に参戦。軍港となったニューオリンズの歓楽街「ストーリーヴィル」閉鎖。職を失ったジャズメンがシカゴなどの北部に移動

1922 シカゴに移住したコルネット奏者、キング・オリヴァーのサイドマンとして、ルイ・アームストロングもシカゴへ

1926 アームストロング、初のスキャット演奏〈ヒービー・ジービーズ〉録音

1927 デューク・エリントン楽団が、ニューヨークの高級クラブ「コットン・クラブ」の専属楽団となる（31年まで）

1935 ベニー・グッドマン楽団が全米で大人気。スウィング・ブーム始まる

1938 グッドマンがカーネギー・ホールでコンサート開催。スウィング・ブームが頂点に／ジャズの歴史をたどる「フロム・スピリチュアル・トゥ・スウィング」コンサートがニューヨークで開催

1939 ブルーノート・レコーズ創業

1941 この頃からニューヨークの若い黒人ジャズメンが新しいジャズ〝ビバップ〟を演奏し始める

1942 初期ビバップ運動の中心人物、チャーリー・クリスチャン（g）死

1900　1910　1920　1930　1940

## 音楽界の出来事

1912 フランス、パリでタンゴ・ブーム

1917 ブラジルで初のサンバ・レコード〈ペロ・テレフォーニ〉発売

1920 世界初の公共ラジオ放送がアメリカ、ピッツバーグで始まる

1924 ガーシュウィン作曲〈ラプソディ・イン・ブルー〉初演

1926 初のトーキー映画『ジャズ・シンガー』公開

## そのとき世界は

1914 第一次世界大戦勃発

1918 第一次世界大戦終結

1929 世界大恐慌

1932 フランクリン・ルーズベルト、アメリカ大統領に当選

1939 第二次世界大戦勃発

1941 日本、真珠湾攻撃

去／グレン・ミラー（tb）が陸軍に入隊し、ヨーロッパ戦線で慰問演奏に従事。44年に乗っていた飛行機が行方不明に

1945 チャーリー・パーカー（as）が初めてとなるリーダー作を録音。〝ビバップ〟がジャズの最先端となる

1948 マイルス・デイヴィス（tp）がクールなサウンドの9人編成バンドを結成。49〜50年の録音が『クールの誕生』としてのちにLP化

1952 ジェリー・マリガン（bs）がニューヨークからロサンゼルスに移り、チェット・ベイカー（tp）らとバンドを結成。〝ウエスト・コースト・ジャズ〟が盛んに

1954 アート・ブレイキー（ds）が、ホレス・シルヴァー（p）、クリフォード・ブラウン（tp）らと組んで、ニューヨークのジャズクラブ「バードランド」で録音。〝ハード・バップ〟が勃興

1955 チャーリー・パーカー死去／マイルス・デイヴィスがジョン・コルトレーン（ts他）らと新バンドを結成

1956 穐吉敏子（p）渡米

1959 マイルス、『カインド・オブ・ブルー』録音。コード進行に縛られない〝モード〟手法がジャズの新しい流れに／コルトレーンが『ジャイアント・ステップス』録音。複雑なコード進行の極限に挑戦／ロサンゼルスからオーネット・コールマン（as）がニューヨークに進出。〝フリー・ジャズ〟が物議をかもす／ビリー・ホリデイ（vo）死去

1961 アート・ブレイキー&ザ・ジャズ・メッセンジャーズ来日。日本に〝ファンキー〟ブームを巻き起こす

1963 マイルスがハービー・ハンコック（p）、トニー・ウィリアムス（ds）ら若手を起用した新バンドを結成

1964 マイルス・バンドにウェイン・ショーター（ts他）加入／スタン・ゲッツ（ts）がボサ・ノヴァ歌手ジョアン・ジルベルトと共演した『ゲッツ／ジルベルト』がグラミー賞最優秀アルバム賞を受賞／エリック・ドルフィー（as他）がヨーロッパで死去

1950

1960

1948 LPレコード発売

1949 45回転レコード発売

1955 ペレス・プラード楽団〈セレソ・ローサ〉全米ナンバーワン・ヒット

1956 エルヴィス・プレスリーがブレイクし、ロックンロール・ブームに

1958 ブラジルで初のボサノヴァ・レコード〈想いあふれて〉発売

1961 ビーチ・ボーイズがデビュー

1962 ボブ・ディラン、ビートルズ、スティーヴィー・ワンダーがデビュー

1963 ローリング・ストーンズがデビュー

1964 ビートルズが渡米し、世界的スターになる／モーグ・シンセサイザー商品化

1945 第二次世界大戦終結

1950 朝鮮戦争

1952 サンフランシスコ講和条約発効

1959 キューバ革命

1963 人種差別撤廃を求めるワシントン大行進。ジョン・F・ケネディ大統領暗殺

1964 ベトナム戦争本格化

1965 急進的黒人解放運動のリーダー、マルコムX暗殺

1965 コルトレーン、〝フリー・ジャズ〟系の若手を集めた実験作『アセンション』を録音し、以後コルトレーンはフリー・ジャズに向かう

1966 キース・ジャレット（p）らを擁したチャールズ・ロイド（ts他）のグループがロック・ファンの間で人気を博す／ジョン・コルトレーン来日

1967 ウェス・モンゴメリー（g）がオーケストラと共演した『ア・デイ・イン・ザ・ライフ』が大ヒット／ジョン・コルトレーン死去

1968 マイルス、電気楽器を導入した『マイルス・イン・ザ・スカイ』録音／ウェス・モンゴメリー死去

1970 マイルスの大作『ビッチェズ・ブリュー』が発表され大ヒット

1971 マイルス・バンド出身のウェイン・ショーター、ジョー・ザヴィヌル（kb）のバンド、ウェザー・リポートがデビュー／ルイ・アームストロング死去

1972 マイルス・バンド出身のチック・コリア（p）がリターン・トゥ・フォーエヴァーを結成し、さわやかなサウンドで人気となる

1973 ハービー・ハンコック、ファンクを導入した『ヘッド・ハンターズ』を発表、大ヒット

1974 デューク・エリントン死去

1975 マイルス、体調不良のため秋から活動停止

1976 ジョージ・ベンソン（g、vo）の『ブリージン』が大ヒット、〝クロスオーヴァー～フュージョン〟ブーム到来／ジャコ・パストリアス（b）がウェザー・リポートに加入し、超絶技巧でセンセーションを巻き起こす／ハンコックがマイルス時代の同僚とアコースティック・ジャズを演奏するV.S.O.P.クインテットを結成

1979 チャールズ・ミンガス（b）死去

1980 トランペッター、ウィントン・マルサリスが19歳でデビュー。以後、彼の影響で若い世代のアコースティックなジャズが台頭する／ジョン・ゾーン、ビル・ラズウェルなど、パンク・ロックやニュー・ウェイヴなどの影響を受けた音楽家がジャズの周辺から台頭／ビ

1970

1980

1966 ビートルズが来日

1967 第1回モンタレー・ポップ・フェス開催

1969 ウッドストック開催

1970 ジミ・ヘンドリックス死去／ジャニス・ジョプリン死去／ビートルズ解散

1973 ザ・ウェイラーズ（ボブ・マーリー）がメジャー・デビュー

1976 セックス・ピストルズがデビュー

1977 エルヴィス・プレスリー死去

1978 ザ・ポリスがデビュー

1979 初のラップ・レコード、シュガーヒル・ギャング〈ラッパーズ・ディライト〉発売

1980 ジョン・レノン射殺される

1982 マイケル・ジャクソン『スリラー』

1968 アメリカで始まったヒッピー・ムーブメントが最高潮／アメリカ大統領候補ロバート・ケネディ暗殺／黒人解放運動の指導者マーティン・ルーサー・キング牧師暗殺

1969 アポロ11号月面着陸

1975 ベトナム戦争終結

1982 日本で世界初のコンパクトディスク（CD）発売

1986 チェルノブイリ原子力発電所爆発事故

1989 ベルリンの壁崩壊

ル・エヴァンス（p）死去

1981 マイルス、6年ぶりに復帰

1982 セロニアス・モンク（p）死去

1983 ハンコックが〝ヒップホップ〟を取り入れたアルバム『フューチャー・ショック』を発表し大ヒット／キース・ジャレット、「スタンダーズ・トリオ」活動開始

1984 70年代にデビューしたパット・メセニー（g）が新グループで『ファースト・サークル』を発表、中南米音楽の要素を取り入れて人気に

1991 マイルス・デイヴィス死去

1993 ジョシュア・レッドマン（ts）がデビュー。彼のバンドのメンバーであるブラッド・メルドー（p）、クリスチャン・マクブライド（b）、ブライアン・ブレイド（ds）たちが、ジャズ界の中心人物となる

1997 ノルウェーのニルス・ペッター・モルヴェル（tp）、『クメール』を発表。エレクトロニクスを取り入れた北欧発の〝フューチャー・ジャズ〟が話題に

2002 ノラ・ジョーンズ（vo、p）がデビュー、2000万枚を売り上げる

2003 上原ひろみ（p）、アメリカのテラーク・レコードからデビュー

2008 ハービー・ハンコック『リヴァー』が、ジャズ・アルバムとしては43年ぶりとなるグラミー賞最優秀アルバム賞受賞

2012 ロバート・グラスパー（p）の『ブラック・レディオ』が、ヒップホップやR&Bとのコラボレーションでヒット。グラミー賞最優秀R&Bアルバム賞受賞

2013 大友良英（g他）が音楽を担当したドラマ『あまちゃん』が国民的人気番組に

2015 カマシ・ワシントン（ts）『ジ・エピック』リリース

2017 初のジャズ・レコード録音から100年

2019 この頃から、シャバカ・ハッチングス（ts他）、ヌバイア・ガルシア（ts）ら、若い世代のイギリスのジャズ（UKジャズ）が盛んに

1990　2000　2010　2020

発表。「史上もっとも売れたアルバム」となる

1984 プリンス『パープル・レイン』発表／RUN DMCがファースト・アルバム発表／ボブ・ゲルドフらが「バンド・エイド」プロジェクト結成

1985 スティングがソロ・デビュー／アフリカ飢餓救済『ウィ・アー・ザ・ワールド』、反アパルトヘイト『サン・シティ』発表／ライヴ・エイド開催

1992 レディオヘッドがメジャー・デビュー

2009 マイケル・ジャクソン死去

2016 デヴィッド・ボウイ死去／プリンス死去

1990 湾岸戦争

1991 ソビエト連邦解体

2001 アップル社「iPod」発売／アメリカ同時多発テロ

2003 イラク戦争

2007 アップル社「iPhone」発売

2008 リーマン・ショック

2011 東日本大震災

2016 ドナルド・トランプ、アメリカ大統領に当選

2019 新型コロナウイルス感染症が世界的に流行

2020 ブラック・ライブズ・マター（BLM）運動が世界的ムーブメントとなる

2022 ロシア、ウクライナへ侵攻

# 「多様性の音楽」ジャズの歴史

## I ジャズの誕生から1930年代まで

### 「世界音楽」の町、ニューオリンズ

ジャズはアメリカで生まれた音楽です。しかし、ジャズは最初から世界各地のさまざまな音楽が渾然一体となった「世界音楽」、そして「多様性の音楽」だったのです。

現在「ジャズ」と呼ばれている音楽の原型が形を整えたのは、19世紀末から20世紀初頭にかけてのことでした。その中心となった町は、カリブ海に注ぐミシシッピ川河口に近いアメリカ南部の港町、ニューオリンズです。18世紀の初めにフランス人が建設し、1803年にアメリカがフランスから購入してアメリカ領となったこの町は、さまざまな国の言葉が飛び交う「人種・民族のるつぼ」でした。フランス人、アメリカ合衆国各地から来たさまざまなルーツを持つ白人と黒人、カナダのフランス語圏から移住してきた「ケイジャン」と呼ばれる人たち、現在のハイチをはじめとするカリブ海の国々や中南米からやってきた人々……。言葉や料理と共に、ニューオリンズでは実に多様な音楽が演奏されていました。

現在に至るまで、ジャズは世界各地のさまざまな音楽を貪欲に取り入れながら変化し続けていますが、世界に向かって開かれたニューオリンズという都市で誕生した、ということが、ジャズの「何でもあり」な体質のルーツなのです。

### クレオールとジャズの誕生

ニューオリンズには、「クレオール」と呼ばれる白人と黒人の間に生まれた人々が存在し、彼らはクラシック音楽を教養として学び、ピアノなどの楽器を趣味として演奏していました。彼らは南北戦争後に黒人と同様の差別を受けるようになり、生計を立てるために酒場でピアノなどの楽器を弾かざるを得なくなったわけですが、クレオールのヨーロッパ音楽の素養が、アメリカ南部に広く存在した「アフリカ的北アメリカ音楽」（黒人霊歌やブルース、ラグタイムなど）や、南のカリブ海からやってきた「アフリカ的カリブ音楽」、当時流行していたマーチなどと衝突し、「ごった煮」のように煮込まれて「ジャズ」の原型が誕生した、と考えていいでしょう。

クレオール出身のミュージシャンの代表的存在が、ピアニストのジェリー・ロール・モートン（1890～1941）です。

1900

モートンは晩年の録音で、クラシックがリズムの変化に伴ってジャズに変貌するさまや、カリブ海的なリズム——それを彼は「スペインの香り（スパニッシュ・ティンジ）」と呼びました——がブルースと入り混じってジャズに変化する様子を、自らの演奏で披露しています。

クレオールだけではなく、ニューオリンズに住む黒人も白人も演奏するようになった初期のニューオリンズ・ジャズは、管楽器数本が自由に絡みあう、にぎやかで雑然としたものだったと推測されています。伝説の黒人コルネット奏者、バディ・ボールデン（1877～1931）が初期のジャズの代表的存在とされていますが、ボールデンの録音は残念ながら遺されていません。

1910

## ジャズの初録音と北部への大移動

ジャズの最初の録音は1917年、ニューオリンズ出身の白人バンド「オリジナル・ディキシーランド・ジャズ・バンド」によるものです。

ちょうどその1917年、アメリカ合衆国が第一次世界大戦に参戦します。それ以前から、南部の黒人たちの多くが北部の大都市に移住し、工場労働やサービス業に従事する、という現象（これを「大移動」と呼びます）が起きていましたが、第一次大戦への参戦はその動きに拍車を掛けました。特にニューオリンズは軍港となったため、それまでミュージシャンが働いていた歓楽街が閉鎖され、彼らの多くがシカゴをはじめとする北部の大都会に移住したのです。折しも禁酒法が始まったのが20年のこと。悪名高きギャングのボス、アル・カポネたちが牛耳るもぐり酒場で、シカゴにやってきたジャズマンたちは夜ごと演奏していたのでした。

その中の最重要人物が、「サッチモ」こと、ルイ・アームストロング（コルネット、トランペット、ヴォーカル）です。1901年にニューオリンズに生まれたルイがシカゴに移ったのは23年のこと。「スウィングして、個性的で、創造的なソロに価値のある音楽」という、今でも立派に通用するジャズの価値観は、20年代のルイの演奏によって形作られたのです。

他のニューオリンズ出身のジャズマンたちも、シカゴに移住して初めて録音を経験しました。そうしたレコードと、20年に放送が始まったラジオによって、それまでローカルな音楽だったジャズは全米へ、世界へと広まっていきました。

また、黒人指揮者のジム・ユーロップ率いる軍楽隊「ヘル・ファイターズ」が、第一次大戦のときにヨーロッパに派遣さ

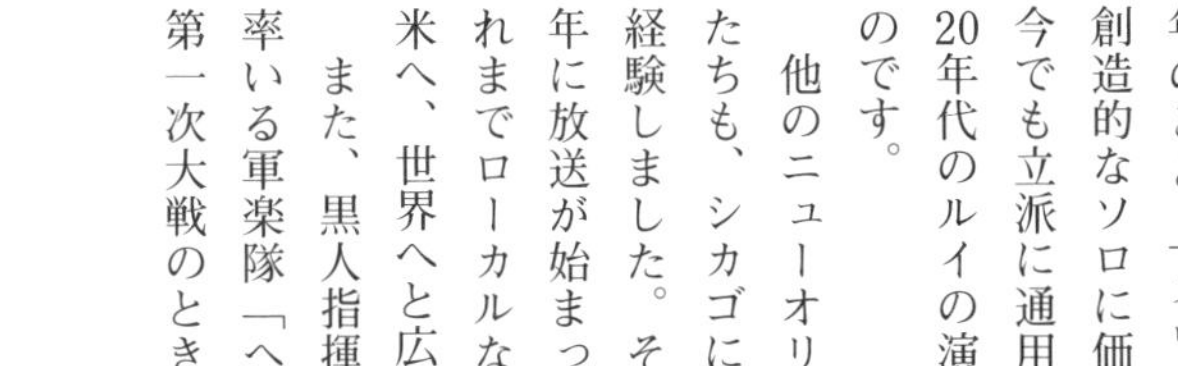

れ、パリなどの都市で演奏したことで、ヨーロッパ人たちは米国生まれのポピュラー音楽の魅力に初めて触れたのでした。

## 白人ジャズのさきがけ

黒人たちの演奏するジャズに魅せられて、自分たちもジャズメンになってしまった白人の高校生たちがシカゴにいました。エディ・コンドン（ギター）、ジーン・クルーパ（ドラムス）、ベニー・グッドマン（クラリネット）など、彼らは30年代の〝スウィング・ブーム〟を支える立役者となります。

シカゴを中心とする中西部で活動していた白人ジャズ・ミュージシャンの中で、もっとも個性的な演奏を聴かせたのはコルネット奏者のビックス・バイダーベックです。１９３１年に28歳で亡くなったビックスは、黒人ジャズマンのコピーではない、叙情的で端正な演奏が特徴。相棒のサックス奏者フランキー・トランバウアー、ギタリストのエディ・ラングたちとの録音を聴くと、スタン・ゲッツ、チェット・ベイカー、ポール・デスモンドといった、後年の白人たちによるクールなジャズのさきがけを感じ取ることができるでしょう。

## ジャズの中心地はニューヨークへ

ニューオリンズで生まれたジャズはシカゴで育ち、そして世界中にジャズの種が蒔かれました。さて、現在アメリカで一番ジャズが盛んな都市はどこでしょう？　間違いなくニューヨークです。

アメリカ一の大都市ニューヨークにも、多数の黒人が「大移動」で南部から移住しました。そしてさらに、ヨーロッパ各国から19世紀後半以降にアメリカにわたってきた「新移民」の大多数が、ヨーロッパから到着する船をニューヨークで降りて、そのままこの町に住みついたのでした。「新移民」というのは、イタリア、ギリシャ、アイルランドなどからのカトリック教徒たち、そしてロシアや中欧、東欧からやってきたユダヤ人たちを指します。19世紀末から20世紀初頭のニューヨークでは、新移民たち、そして黒人たちが持ち込んだ言葉や文化、音楽がさまざまに入り乱れて混在していました。アメリカ文化のひとつの象徴ともいえるミュージカルは、19世紀末から20世紀初めにかけて生まれたものですが、今でもよく歌われ、演奏されているミュージカル・ソング（スタンダード・ソング）の作曲家たちの多くが、新移民として渡米したユダヤ人である、という事実が、ニューヨークの文化の複雑さを雄弁に物語っています。

シカゴからニューヨークにジャズの中心地が移ったのは、20

1920

年代半ば頃だと言っていいでしょう。マンハッタン北部の黒人地区ハーレムに、高級ジャズクラブ「コットン・クラブ」がオープンしたのは20年のことで、27年からデューク・エリントン楽団が専属バンドとなりました。クラブでの演奏がラジオで流れたこともあって、エリントンは全国的な人気を手に入れることとなりました。

また、第一次大戦後のアメリカの好景気を反映して、ニューヨークには享楽的な生活を楽しむ白人の若者たちが現われ、彼らのライフスタイルを彩る音楽として「ジャズ」が人気を博すようになりました。小説家のスコット・フィッツジェラルドは、そうした刹那的で騒がしい時代を「ジャズ・エイジ」と命名しました。ジャズ・エイジに浮かれる白人の若者たちに支持されたポール・ホワイトマン楽団は、弦楽器セクションを入れた大編成のバンド。現在では顧みられることの少ないバンドですが、ジョージ・ガーシュウィンに〈ラプソディ・イン・ブルー〉作曲を委嘱するなど、クラシックとジャズを融合させた独自のアメリカ音楽を目指したホワイトマンの業績は、今こそ再評価されてしかるべきでしょう。

## 大恐慌、そしてスウィング時代へ

20年代ジャズ・エイジの繁栄は、29年10月、ほとんど一夜にして吹き飛びます。ニューヨーク株式市場で始まった株価の暴落が全世界に波及する「大恐慌」が起こり、アメリカ全土に失業者が溢れかえる事態となったのです。

世界大恐慌と共に幕を開けた30年代、アメリカでは32年の大統領選に当選したフランクリン・ルーズベルトが、公共事業を大々的に行なって失業者を減らす「ニューディール」政策で不景気を解消しようとしました。ニューディール政策の効果で景気が回復するきざしが見えてきた35年に、当時はまだそれほど人気が高くなかった白人クラリネット奏者、ベニー・グッドマン率いるオーケストラが突然大ブレイクを果たします。グッドマン楽団の踊りやすいサウンドは、それまでジャズとは無縁だった一般大衆を魅了し、彼らに代表される音楽は〝スウィング・ミュージック〟という新しい名前を付けられて大ブームを巻き起こしました。

## カンザスシティ・ジャズの隆盛

アメリカ合衆国のちょうど真ん中あたり、カンザス州とミズーリ州にまたがるカンザスシティという町があります。この町を牛耳っていたのがトム・ペンダーガストという政治家。彼はいつの間にかカンザスシティを禁酒法そっちのけの歓楽の町にしてしまいました。そうなると仕事を求めて、全国から腕利きのミュージシャンたちがカンザスシティに集まってきます。カウント・ベイシー（ピアノ）をはじめ、全員黒人の名手たちが集結したカウント・ベイシー楽団は、ダイナミックでパワフルな演奏を得意とし、名プロデューサーのジョン・ハモンドに見いだされてニューヨークに進出、センセーションを巻き起こしました。ちなみに、〝ビバップ〟の創始者となるチャーリー・パーカーもカンザスシティ出身です。

## ジャンゴ・ラインハルトという天才

第一次大戦によってジャズがもたらされたフランスで、ジャズの虜になってしまったギタリストがいました。彼の名はジャンゴ・ラインハルト。ジャンゴはベルギーとフランスの国境近くに生まれたロマですが、20年代にフランスで流行していた〝ミュゼット〟、ロマの伝統的な音楽とジャズを独自に融合させて、スウィングしていてしかもメロウな、まったく新しいジャズを生み出しました。彼の編み出したスタイルは〝ジプシー・スウィング〟と呼ばれて今でも根強いファンがいます。

# Ⅱ　1940年代から1960年代まで

## 第二次大戦とジャズ

1941年12月7日（日本時間8日）、ハワイ真珠湾の米海軍基地を、日本海軍の航空部隊が襲撃しました。第二次世界大戦に日本と米国が参戦したのです。

その結果、さまざまな規制や不都合がアメリカの音楽界を揺さぶりました。ダンスホールの入場料に戦時課税がかかり、若い男性客やバンドのメンバーが戦地に動員され、バスでのツアーに必須なガソリンが配給制になると、音楽家にとっての「冬の時代」が到来しました。こうした激動の時期、30年代に全盛だったビッグバンドは数を減らし、少人数で演奏する「コンボ」編成のバンドが増えていきました。

## ビバップの誕生

第二次大戦にアメリカが参戦する直前、アメリカのジャズに新しい動きがひっそりと生じました。ニューヨークのビッグバンドに在籍していた若い黒人プレーヤーたちが仕事の後にハーレムのクラブに集まって、スウィングとは違う、もっと技巧的で即興の要素が強いジャズを演奏するようになったのです。

そのセッションの常連は、セロニアス・モンク（ピアノ）、デイジー・ガレスピー（トランペット）、チャーリー・クリスチャン（ギター）、ケニー・クラーク（ドラムス）といった面々。そこにカンザスシティからやってきたチャーリー・パーカー（アルト・サックス）が合流し、スウィングより圧倒的にテクニカルで複雑なメロディ、ハーモニー、リズムを持つジャズの新しいスタイル〝ビバップ〟が形を整えたのは、40年代前半のことだったと思われます。ただ、ちょうどビバップが始まった時期がミュージシャン・ユニオン（組合）のレコーディング・ストライキと重なり、レコード会社がビバップを録音するのは、44〜45年以降になってしまいました。

## チャーリー・パーカーとディジー・ガレスピー

40〜44年にパーカーが演奏したプライベートな録音を聴いて驚くのは、従来のどんなジャズともまったく異なる〝ビバップ〟を、パーカーが早い時期から完璧にプレイしていた、ということ。パーカーと共にビバップの先頭に立って活躍したガレスピーも、ああいう音の使い方はパーカーから教わった、とインタビューで語っていました。

ガレスピーはある意味で、パーカーよりもジャズの多様性を体現したミュージシャンです。彼はスウィングの踊れる楽しさ、元ボスだったキャブ・キャロウェイなどから学んだおどけたユーモア感覚、そして当時ニューヨークで活動していたキューバ出身の人たちと共に作り出した〝アフロ・キューバン・ジャズ〟（キューバのアフリカ系音楽とジャズの融合）など、40年代後半におけるアフリカン・アメリカン音楽の〝フュージョン〟を成し遂げた革新的存在なのです。

## ビバップから次の段階へ

第二次大戦が終結した45年以降、パーカーは次々にレコードを録音し、その革新的な音楽は、若いミュージシャンたちに衝撃を与えました。あらゆる楽器の若手プレーヤーが、パーカーの即興演奏を必死に真似し始めたのです。

さて、パーカーのコンボに19歳で加入したトランペッター、マイルス・デイヴィスは、「天才たちの果たし合い」になってしまいがちなビバップに、ある種の限界を感じるようになりました。マイルスはパーカーのバンドを脱退後、管楽器6本にピアノ、ベース、ドラムスという9人編成の、静かなアンサンブルを主体としたバンドを48年に結成します。のちに『クールの誕生』というアルバムにまとめられたこのマイルスの試みが、ジャズをまた次のステージに送り出すきっかけになったのでした。

## アメリカ西海岸のジャズ

１９４８年にマイルス・デイヴィスが結成した九重奏団は、49年と50年にスタジオ録音を行ない、それらはロサンゼルスに

本社があるキャピトル・レコーズから発売されました。ニューヨークでの九重奏団の人気はさっぱりでしたが、ロサンゼルスで活動しているジャズ・ミュージシャンたちが、マイルスたちの新鮮な音楽に興味を抱きました。当地で非常に革新的なビッグバンドとして人気を博していたスタン・ケントン楽団出身のミュージシャンたちを中心に、ニューヨークからロサンゼルスに移住してきたジェリー・マリガン（バリトン・サックス）やシェリー・マン（ドラムス）なども加わって、50年代前半のロサンゼルスでは、ニューヨークのハードで重いサウンドとはひと味違う、さわやかでクールな雰囲気のジャズが盛んになったのでした。軽やかで明るい音色のアンサンブルとソロは、まさに「カリフォルニアの青い空」をイメージさせるものです。

## ニューヨークのハード・バップ

ロサンゼルスのジャズに大きな影響を与えたマイルスですが、本人は九重奏団をあっさりと解散して、少人数のコンボでの活動に戻ります。51年録音の『ディグ』は、マイルス、ジャッキー・マクリーン（アルト・サックス）、ソニー・ロリンズ（テナー・サックス）などの長いソロを中心とした、一見ビバップに戻ったかのような音楽。しかしマイルスの目論見は、よりテーマのアンサンブルや楽曲のメロディ、構成などに気を遣った、「しっかりとした土台の元でのビバップ」を作り出すことにあったのです。

54年、ドラマーのアート・ブレイキーがニューヨークのジャズクラブ「バードランド」でライヴ録音を行ないました。ピアノにホレス・シルヴァー、トランペットに若き天才クリフォード・ブラウンを擁したこのバンドの演奏は、しっかりとした編曲と魅力的な楽曲、そして各人の素晴らしいアドリブを兼ね備えたもの。こうしたタイプのジャズは〝ハード・バップ〟と呼ばれるようになり、ビバップに替わる新たなジャズの主流となったのでした。

ハード・バップは、「もっともジャズらしいジャズ」であるとともに、ラテン音楽やクラシック、あるいはアメリカ南部のブルースやゴスペルなどの大衆的な黒人音楽など、さまざまな音楽の要素が溶け込んだジャズでもあります。ソニー・ロリンズ）が56年に録音した名盤『セント・トーマス』の表題曲は、カリブ海音楽の代表的なリズムである「シンキージョ」が使われた曲です。1小節に5つの音があるこのリズム（「シンキージョ」はスペイン語で「5つの」を意味します）に乗って、ロリンズはおおらかなソロを披露しています。また、ここでのマックス・

1950

ローチのドラム・ソロは、ローチがハイチに渡って師事した伝説的打楽器奏者、チローロのソロに強く影響されたもの。カリブ海音楽からの影響が、ここではっきりと聴き取れるのでした。

## ロックンロールの衝撃

ハード・バップが盛んになりはじめた1956年、アメリカ南部テネシー州出身の若者エルヴィス・プレスリーが歌う〈ハートブレイク・ホテル〉が全世界で大ヒットします。エルヴィスは白人音楽であるカントリーと黒人音楽であるリズム＆ブルース両方が大好きで、彼の中でそのふたつがごく自然に融合して、新しい何かを生み出したのでしょう。〝ロカビリー〟、そして〝ロックンロール〟と呼ばれるようになったエルヴィスたちの音楽はたちまち世界中に広まり、のちのビートルズやビーチ・ボーイズなどに決定的な影響を与えました。

## 1959年という「特異年」

ハード・バップ、そしてその中でも特に黒人音楽的な要素の強い〝ファンキー・ジャズ〟が全盛だった1959年春、マイルス・デイヴィスは『カインド・オブ・ブルー』を録音します。ここでマイルスが取り組んだのは、コード（和音）の連結による曲作りではなく、モード（旋法）と呼ばれる一定の音の列を使って曲を作り、その旋法を使ってアドリブ・ソロを演奏する、という試みでした。ちなみに、世界各地の民族音楽のほとんどが、この〝モード〟によって形作られています。

この〝モード〟の導入は、マイルスや『カインド・オブ・ブルー』に参加したジョン・コルトレーン（テナー・サックス、ソプラノ・サックス）たちによって60年代ジャズの主流となりました。また、コルトレーンは同じ59年に、モードとは一見逆の、極限まで複雑なコード進行を駆使したアルバム『ジャイアント・ステップス』を録音し、その超絶技巧でジャズ界に衝撃を与えました。そして、59年にニューヨークに進出したアルト・サックス奏者オーネット・コールマンは、既成の音楽＝ジャズの概念にとらわれない〝フリー・ジャズ〟を演奏し、ジャズの枠組みを大きく広げました。

1959年という「特異年」に起こったこの3つの出来事、「モード」「超複雑なコードの動き」「フリー・ジャズ」が入り混じったものが、1960年代のジャズの主流となりました。『カインド・オブ・ブルー』でピアノを演奏し、マイルスのモード理解に大きな影響を与えたビル・エヴァンスの存在も忘れてはなりません。近現代クラシックを十分に咀嚼

した複雑な和音を、しかし決して難解に聞こえないように使うエヴァンスの奏法は、それ以後のピアニストほぼすべてに大きな影響を与えました。

## ロックやファンクからの大きな影響

1960年代は、世の中の価値体系や文化のあり方が大きく動いた10年間でした。アメリカの公民権運動に端を発する黒人解放運動の過激化、ベトナム戦争反対の動き、世界各国の大学での闘争、「ヒッピー」という新しい価値観を持った若者たちの登場など、60年代に現れたさまざまな動きを主導したのは10代から20代の若い世代です。そして彼らにとっての「自分たちの音楽」は、間違いなくロック・ミュージックでした。64年にアメリカで大ブレイクしたイギリスのバンド、ビートルズは、66年の『リボルバー』以降のアルバムで、さまざまなジャンルの音楽を奔放に使って、政治的な発言やドラッグ体験を歌いました。長髪に髭、カラフルなコスチューム、大音量で音を歪《ひず》ませた長時間の演奏など、60年代後半のロックは、どんどん過激に、そして「芸術的」になっていったのでした。ブラック・ミュージックの世界では、ジェームス・ブラウンが始めた、リズミックなくり返しを延々と続ける〝ファンク・ミュージック〟が流行し、新しいロックやファンクに影響を受けたジャズが、60年代末になって姿を現わします。そのさきがけとなったのは、またしてもマイルス・デイヴィスでした。69年に録音され、70年に発売された『ビッチェズ・ブリュー』は、マイルスのそうした試みの総決算というべきアルバムです。

## ボサ・ノヴァ、そしてブラジル音楽

ブラジルで1958年ごろ生まれた新しい音楽、ボサ・ノヴァは、サンバをはじめとするブラジルの大衆音楽をベースに、クール・ジャズなどからの影響を受けて誕生した都会的な音楽です。ジャズ界でボサ・ノヴァに初めて注目したミュージシャンは、ギタリストのチャーリー・バード。彼はサックス奏者のスタン・ゲッツと『ジャズ・サンバ』を録音し、新鮮なサウンドが大評判を呼びました。1962年のことです。ボサ・ノヴァのクールなリリシズムに魅せられたゲッツは、ボサ・ノヴァの名曲のほとんどを作曲したアントニオ・カルロス・ジョビン（ピアノ）と、歌い方とギターの両方でボサ・ノヴァのスタイルを完成させたジョアン・ジルベルト（ヴォーカル、ギター）

を迎えて『ゲッツ／ジルベルト』を制作、このアルバムは1964年のグラミー賞で「アルバム・オブ・ザ・イヤー」を獲得しました。

　ボサ・ノヴァ以降のブラジルのミュージシャンたち、たとえばミルトン・ナシメント、エグベルト・ジスモンチ、エルメート・パスコアール、トニーニョ・オルタなどの音楽も、70年代以降ウェイン・ショーターやパット・メセニーといった一流ジャズ・ミュージシャンたちに大きな影響を与え、ブラジル音楽とジャズの関係はますます濃密なものになっていきました。

# Ⅲ　1970年代から現在まで

## マイルス卒業生たちの活躍

　1970年4月、マイルス・デイヴィスの新作『ビッチェズ・ブリュー』が発売されました。ここでマイルスは総勢13人という大編成で、モード・ジャズ、フリー・ジャズ、ロックやファンクなどの要素を複雑に融合させた「新時代のジャズ」を提示したのです。

　大ヒットとなった『ビッチェズ・ブリュー』に続いて、翌71年から73年にかけて、マイルスと共演したミュージシャンたちが次々と電気楽器を使用し、ロックやファンク、ブラジル音楽などの要素をジャズと組み合わせたアルバムを発表しました。

　ジョー・ザヴィヌル（キーボード）とウェイン・ショーター（サックス）が中心となったウェザー・リポート、ジョン・マクラフリン（ギター）が結成したマハヴィシュヌ・オーケストラによる『内に秘めた炎』、チック・コリア（キーボード）のアルバム『リターン・トゥ・フォーエヴァー』、ハービー・ハンコック（キーボード）の『ヘッド・ハンターズ』……。70年代前半にもっとも新しく、もっとも人気のあったサウンドは、こうした〝エレクトリック・ジャズ〟だったと言えます。そして、マイルスが病気のために一時引退していた70年代後半、それよりももっとポップでわかりやすい音楽が、ジャズ界を席捲します。

## フュージョンの大ブーム

　マイルスの動きと並行する形で、60年代末から70年代にかけて、よりポップで気楽に楽しめるタイプの「ジャズとロックやR&Bの融合」を目指したのが、作編曲家のクインシー・ジョーンズです。また、プロデューサーのクリード・テイラーも、自己のレーベル「CTI」で、流行のポップ・ミュージックと

ジャズを結びつけたサウンドの作品を数多く制作しました。
　そうした試みがもっとも成功したのが、76年にリリースされたジョージ・ベンソン（ギター、ヴォーカル）の『ブリージン』です。ここでのサウンドは、ファンキーなリズムと華麗なオーケストラの上でベンソンが軽やかにギターを弾き、曲によっては達者なヴォーカルも聴かせる、という趣向のもの。『ブリージン』は記録的なヒットとなり、たちまちのうちに、同じようなサウンドの作品が次々にリリースされることとなりました。最初は〝クロスオーヴァー〟、その後〝フュージョン〟と呼ばれるようになったこのタイプの音楽は、それまでのジャズとは比較にならないほどの広い範囲のリスナーにアピールしました。
　さて、フュージョン・ブームが飽和点に達した1980年、19歳の若いトランペッターが彗星の如く登場し、ジャズ・シーンを一変させてしまいます。

## ウィントン登場とマイルス復活

　1980年、19歳の天才トランペッター、ウィントン・マルサリスがニューヨークのジャズ・シーンに衝撃的なデビューを果たしました。ニューオリンズで活動するピアニスト、エリス・マルサリスの息子であるウィントンは、1歳上の兄であるサックス奏者ブランフォードと共にニューヨークに進出し、アート・ブレイキー（ドラムス）が率いるジャズ・メッセンジャーズを経て82年にソロ・デビュー作『マルサリスの肖像』をリリース、圧倒的なテクニックで一躍ジャズ界の寵児となります。

　75年から活動を停止していたマイルス・デイヴィスがカムバックしたのは81年のこと。70年代よりポップでフュージョン的なサウンドを志向するマイルスの音楽を、ウィントンは大胆にもコマーシャリズムだとして批判し、その歯に衣着せぬ発言も大きな話題となりました。

　ウィントンはその後もニューオリンズの古いジャズを現代にアップデートしたような野心作を次々に発表し、ピューリッツァー賞を受賞するなど、ジャズ界にとどまらない影響力をアメリカの音楽界に及ぼす存在となりました。彼のジャズへの態度と技術に影響されて、80年代以降アメリカでは数多くの優秀なジャズ・ミュージシャンが育っていきます。

## 「多様性」の時代、1980年代

　80年代から現在に至るまで、ウィントンの影響力は非常に大きいのですが、かといって80年代以降のジャズは「伝統回帰」一辺倒にはなりませんでした。70年代後半から80年代にかけて流行したパンク・ロックやニューウェイヴといったロック・サイドの音楽、あるいは80年代初頭に姿を現したヒップホップにインスパイアされ、そこにフリー・ジャズ的な過激さを加えた新しいジャズが注目を浴びたのも80年代のことです。代表的なミュージシャンにはジョン・ゾーン（アルト・サックス）、ビル・ラズウェル（ベース）などがいます。また、ニューヨークのブルックリンを本拠地としたスティーヴ・コールマン（アルト・サックス）、ジェリ・アレン（ピアノ）、カサンドラ・ウィルソン（ヴォーカル）たちは、フリー・ジャズ的な要素とファンクやヒップホップ的なリズムを組み合わせたサウンドを展開し、彼らの影響力は今に至るまで非常に大きなものがあります。

伝統的なジャズ・ギターでもなく、かといって70年代的なフュージョン・ギターでもないユニークなギタリストたちが人気を博したのも80年代のことです。その代表的存在がパット・メセニー、ジョン・スコフィールド、ビル・フリゼールの3人。それぞれが実に個性的でありながら、1950年代から活躍するギタリスト、ジム・ホールの斬新な和音感覚や音の選び方、そして何よりも自由な精神に大きく影響されている、という共通点があります。

## さらに「多様性と世界音楽」に向かうジャズ

90年代にデビューしたジョシュア・レッドマン（サックス）やブラッド・メルドー（ピアノ）、21世紀になって注目を浴びたロバート・グラスパー（ピアノ）、カマシ・ワシントン（サックス）といったミュージシャンたちは、いわゆる〝モダン・ジャズ〟の技巧を完璧にマスターしつつ、それぞれの興味がおもむくままに、実に多彩な音楽をクリエイトしています。モダン以前のジャズ、ブルースやカントリー、ブルーグラスといったアメリカの伝統大衆音楽（その総称を〝アメリカーナ〟と呼びます）、カリブ海やブラジルをはじめとする世界各地の音楽、ヒップホップやテクノ、90年代以降のロック、クラシック音楽などなど、現在ジャズ・シーンの中心にいるミュージシャンたちにとっての「ジャズ」の範囲は、50～60年代では考えもつかなかったほどに広く、多様になったと言えるでしょう。

ヒップホップやネオ・ソウルの歌手やラッパーと共演した2012年の『ブラック・レディオ』でグラミー賞R&B部門（ジャズ部門ではなく！）を受賞したピアニストのロバート・グラスパー（1978年生まれ）は、ハンコックたちに影響されたジャズ・ピアノのテクニシャンでありつつ、意識的にピアノ・ソロの少ないアルバムを制作したり、逆にピアノ・ソロを多く聴かせる作品を作ったりと、非常に巧妙なバランスで現代のジャズ・シーンを見据えた活動を行なっています。グラスパーより一世代若い1987年生まれのジュリアン・ラージ（ギター）は、完璧と言っていいジャズの技術を持ちながらも、エディ・ラングやチャーリー・クリスチャンといった昔のギタリストたちをリスペクトし、カントリーやブルーグラス、ロカビリーなどのルーツ・ミュージックも演奏して、まったくジャンルを感じさせない〝アメリカン・ギター・ミュージック〟を追求しています。

グラスパーやラージのようなミュージシャンが登場した背景としては、従来の価値判断とは無関係に気持ちのいい音楽をチョイスするDJカルチャーの浸透、さまざまなジャンルの音楽をサンプリングするヒップホップの影響、インターネットの普及と音楽を好きなだけ聴けてしまうサブスクリプション・サービスやYouTubeの存在、ジャズを教える教育機関が「歴史教育」を重視するようになった傾向などを挙げることができます。ただ、それだけでなく、現代でも若者たちが音楽を覚える場として機能している黒人教会の存在や、学校の友人たちがさまざまなジャンルの音楽に進み、結果としてごく自然な「ジャンルの混交」が友人同士で行われてしまう、といった「アナログ」な要因も無視できません。

## アフリカとカリブへの回帰：UKジャズの現在

イギリス（UK）のジャズも長い歴史を持っています。ただ、1990年代ぐらいまでは、世界的に注目を浴びるイギリスのジャズ・ミュージシャンの多くは、南アフリカから移住した人たちを除くと、白人がほとんどでした。その状況に変化のきざしが見えてきたのは、2010年代も後半になってからのことでした。1984年生まれのシャバカ・ハッチングス（サックス）、91年生まれのヌバイア・ガルシア（サックス）といった、現在のUKジャズをリードしているミュージシャンの多くは、親の世代にカリブ海諸国やアフリカ諸国からイギリスに移住してきたルーツを持つ黒人です。彼らの音楽は、ニューオリンズから現代にまで至るアメリカのジャズと、イギリスのDJカルチャーが80年代から育んできたアシッド・ジャズ（クラブで踊れるジャズのチョイス）を見据えつつ、彼らのルーツであるカリブ海やアフリカの音楽との融合を、アメリカのジャズ・ミュージシャンよりはるかに自由な、そしてリアルな（アフリカやカリブと彼らの時間的な距離は、ほとんどのアフリカン・アメリカンより何世代も近いのです）スタンスで実現しています。

もしかしたら今のジャズは、19世紀末にニューオリンズで起こった「音楽のごった煮」現象、多様性と世界音楽性の共存を、百年以上後に、世界的な規模で反復しているのかもしれません。

※日本におけるジャズの歴史はp.118、p.160をご覧ください。

第4章

あなた好みのジャズが必ずある

# ジャズのスタイル 10

この楽器は？

**テナー・サックス**

低音域のサックス。力強い太い音が特徴です。むせび泣くようなバラードから、高速フレーズまで、多様な表現が可能です。

イントロダクション・選盤・選曲：後藤雅洋
解説：原田和典

Spotifyプレイリストの二次元コードです。12ページ参照。

●イントロダクション

# ジャズはなぜいつも「新しい」音楽なのか？

ジャズという音楽の面白さは、節目節目で〝ビバップ〟とか〝モード〟といった新たなジャズ・スタイルが生まれているところです。それ以上に興味深いのは、どんなにスタイルが変わってもジャズは相変わらずジャズであり続けてきたという不思議です。

まず最初に、ジャズで言う「スタイル」の意味から説明いたしましょう。初期のスタイル〝ニューオリンズ・ジャズ〟や第二次世界大戦後にアメリカ西海岸で生まれた〝ウエスト・コースト・ジャズ〟は、誕生した地域からの命名。他方、〝スウィング〟は語源の「揺れる」から、聴いていると思わず身体を揺り動かしたくなるような快適な音楽という意味。また「モダン・ジャズ」の起源でもある〝ビバップ〟は、演奏音を聴いた感じの「擬音語」だという説もあるなど、内容をわかりやすく説明したものではありません。唯一音楽的な命名は〝モード〟という音楽用語から来たスタイルぐらいじゃないでしょうか。

ポイントは、それぞれのジャズ・スタイルは相互に無関係に現れたのではなく、それ以前の演奏スタイルに飽き足らなさを抱いていた先鋭なジャズ・ミュージシャンたちによって引き起こされたケースがほとんどだということです。つまり、ニュー・スタイルは前時代の演奏法を前提とした上での改革版というところで、ジャズ史の「連続性」が保たれているのです。

ジャズ史上もっとも大きな転換点といわれている、チャーリー・パーカーによる「ビバップ革命」はその典型といっていいでしょう。彼は前時代のジャズ・スタイル、〝スウィング〟のスター・プレイヤー、レスター・ヤングをアイドルとしつつも、まったく新しい発想で〝ビバップ〟というニュー・スタイルを生み出しました。この新スタイル

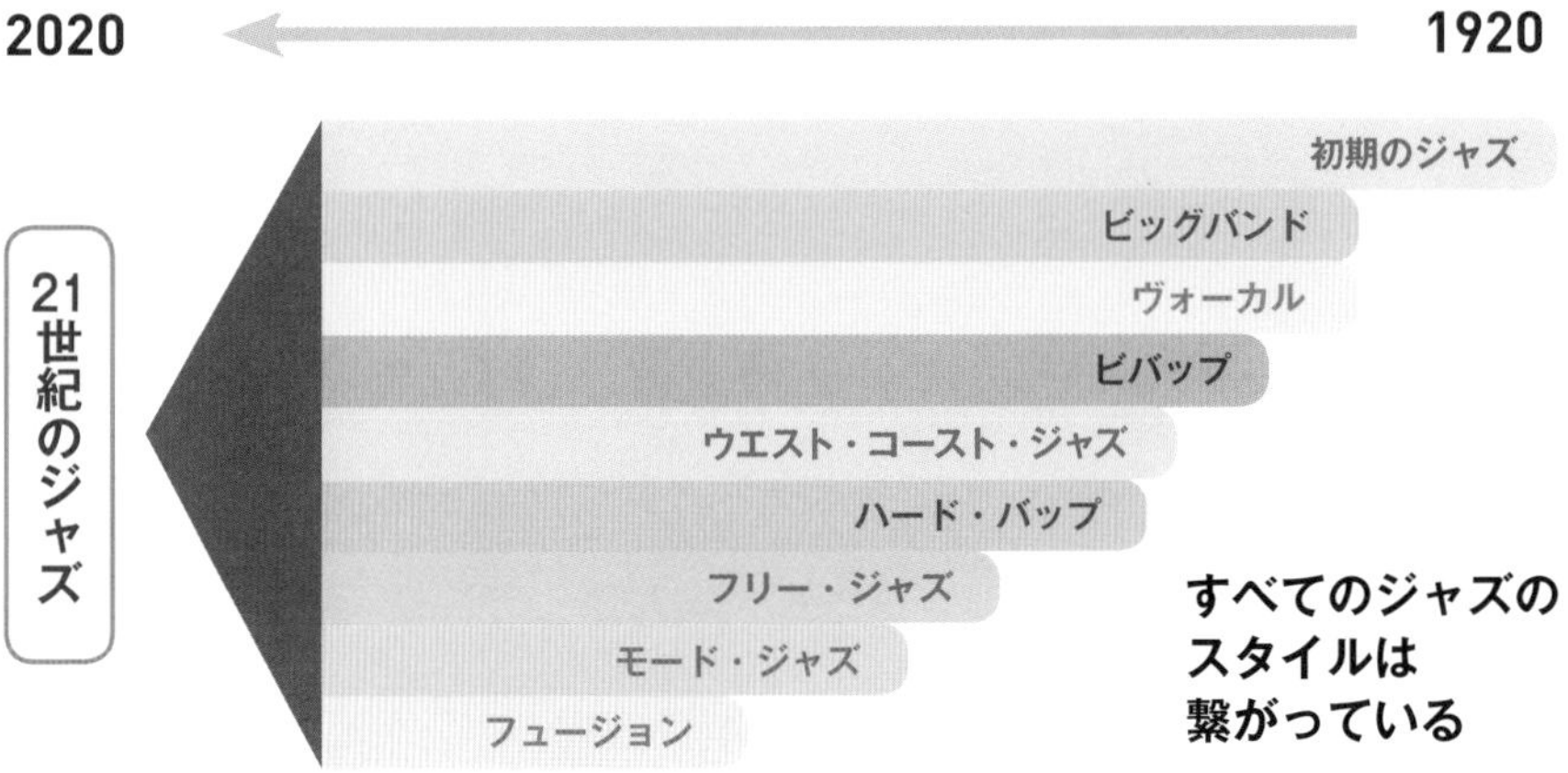


はほとんどパーカーの独創といっていいものですが、パーカーのサイドマンでもあったマイルス・デイヴィスが結成した「九重奏団」が影響を与え、中心人物としてジェリー・マリガンらの名が挙げられる〝ウエスト・コースト・ジャズ〟は、彼らだけでこのスタイルを生み出したわけではなく、同じような発想を抱いていた複数のミュージシャンたちによる共同作業の結果でもあるのです。

同じことは、やはりマイルスがキーパーソンでもある〝ハード・バップ〟や〝モード〟についても言えます。前者ではマイルスとともにアート・ブレイキーやクリフォード・ブラウンらが、後者ではマイルスのサイドマンだったジョン・コルトレーン、ハービー・ハンコック、ウェイン・ショーターなどがマイルスと同時並行的に〝モード〟を利用した演奏を展開しています。

こうしてみると、ジャズのスタイルを知ることで見えてくるものはおおよそ次のようなことでしょう。ひとつのジャズ・スタイルが煮詰まると、それを改革しようとするミュージシャンたちが現れるということ。結果として、〝ジャズ〟はいつの時代でも「新しい音楽」であり続けてきたのです。しかしそれと同時に、その「新スタイル」は深いところで前時代のジャズを受け継いでいるので「ジャズ史の連続性」が保たれているのですね。

結論として、先鋭な意識を持ったミュージシャンたちに担われたジャズ・スタイルの変遷をたどることによって、ジャズがどのように変化・発展し現在に至ったのか具体的に理解することができるのです。

# 初期のジャズ

## ジャズの発祥〜ニューオリンズ〜スウィング

こんにち私たちがジャズと呼んでいる音楽は、南北戦争終戦（1865年）の頃にアメリカ南部のルイジアナ州ニューオリンズで発生し、19世紀末から20世紀初めにかけて形を整えたと伝えられています。ブルース、黒人霊歌、讃美歌、行進曲、ラグタイム、ラテン音楽などが演奏の素材となり、シンコペーションの利いたリズムの上でトランペット、トロンボーン、クラリネットが絡み合いながら行なう集団即興演奏が特徴のひとつとなりました。1917年には、白人（主にイタリア系）メンバーで構成されたニューオリンズ出身の5人組、オリジナル・ディキシーランド・ジャズ・バンド（ODJB）が、史上初とされるジャズ・レコードを録音。25年には、やはりニューオリンズ生まれのルイ・アームストロングが初めての自己名義によるレコーディングを行なっています。天才的な黒人トランペット奏者であった彼は集団即興以上に個人によるアドリブ・ソロを重視し、さらにスキャット唱法（歌詞の代わりに意味のない音声で即興的にメロディを歌う）も導入。シカゴやニューヨークにも活動の拠点を置いたこと、32年以降精力的にヨーロッパ・ツアーを行なっ

Louis Armstrong

## 初期のジャズ　ジャズの発祥〜ニューオーリンズ〜スウィング　この１枚

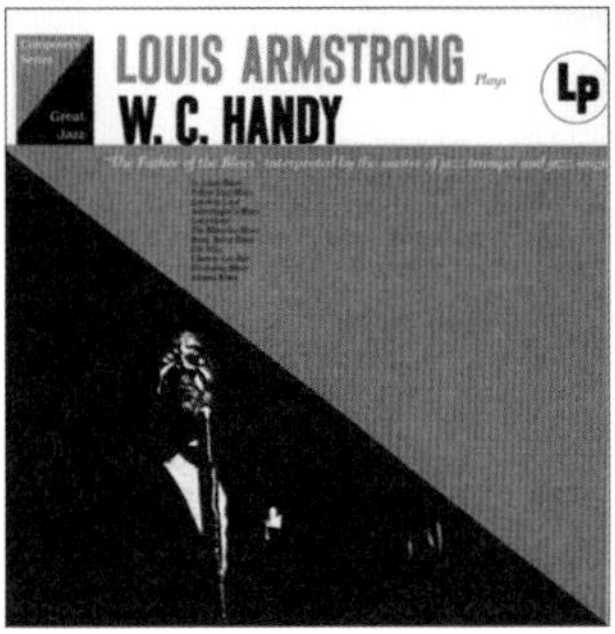


### 『ルイ・アームストロング プレイズ・W・C・ハンディ』

Columbia

演奏：ルイ・アームストロング（tp、vo）、トラミー・ヤング（tb）、バーニー・ビガード（cl）、ビリー・カイル（p）、アーヴェル・ショウ（b）、バーネット・ディームス（ds）、ヴェルマ・ミドルトン（vo）
録音：1954年7月12〜14日

**この１曲**　〈セントルイス・ブルース〉

たこと、当時の新メディアであったトーキー（音声付き映画）にもよく登場したこともあいまって、ジャズ大使というべき役割を担いました。

そして29年10月、ウォール街の株価大暴落が起きました。世界恐慌の始まりです。アメリカが、いわゆる「ニューディール政策」によって再び活況を呈してゆくのは30年代半ばのこと。この時期、爆発的な人気を博したのが〝キング・オブ・スウィング〟こと白人クラリネット奏者のベニー・グッドマンでした。ビッグバンド（大編成）とコンボ（小編成）による活動を並行しながら〈シング・シング・シング〉など多くのヒットを放ち、38年1月にはクラシックの殿堂「カーネギー・ホール」で、当時としては異例のジャズ・コンサートを開催。ODJB以降のジャズ20年の歴史を振り返るとともに、ピアノ奏者のカウント・ベイシー、サックス奏者のレスター・ヤングやジョニー・ホッジスらの黒人ミュージシャンをゲストに招きました。スウィング全盛期は40年代前半まで続きましたが、やがてミュージシャンの徴兵（グレン・ミラーのように空軍に志願した者もいた）、ダンスホールの減少（スウィングは極めてダンス・ミュージック色の強いジャズだった）などで下火となってしまいました。

ここで紹介するルイ・アームストロング〈セントルイス・ブルース〉は、彼が50歳を過ぎてのレコーディングですが、依然として活力は保たれており、録音状態も若き日の作品より格段に良いものです。トランペット演奏に続いて登場するのは女性シンガー、ヴェルマ・ミドルトンの歌声。御大ルイのダミ声は4分を過ぎた頃から登場します。時代を超えた〝ジャズの核〟に、ぜひとも触れてください。

# ビバップ

スウィング熱に沸いた1930年代は、そのままビッグバンド・ジャズの黄金期とも重なりました。前項に書いたように、スウィングは極めてダンス・ミュージック色の強いジャズでした。当時は男女がペアになって踊るのが半ば定番で（ひとりでも踊れるダンスは、60年代初頭に流行した〝ツイスト〟が初めてとされる）、生演奏で踊るにはバンドスタンド（バンドが演奏するスペース）とダンスフロアを合わせた広い場所が必要でした。マイクもアンプも未発達だった時代、規模の大きな会場を音楽で満たすには生音そのものを大きくするしか方法はありません。それには十数本の管楽器が生み出す厚みと、リズム・セクションが放つ猛烈な迫力が求められました。と同時に集団表現には、秩序も不可欠です。各ビッグバンドは才能豊かなアレンジャー（編曲家）を迎え、アンサンブルやハーモニー面でも個性を競いました。

即興の魔力にとりつかれたジャズマンであればあるほど、ダンスの伴奏や編曲の縛りから解放されて、志を同じくする仲間たちと思う存分アドリブを繰り広げたいという思いが高まったに違いありません。〝キング・オブ・スウィング〟ベニー・グッドマンのバンドに在籍していたギタリストのチャーリー・クリスチャンは、レギュラーの仕事を終

Charlie Parker

**ビバップ　この１枚**

## 『チャーリー・パーカー・ストーリー・オン・ダイアル』

Dial

演奏：チャーリー・パーカー（as）、マイルス・デイヴィス（tp）、ラッキー・トンプソン（ts）、ドド・マーマローサ（p）、アーヴィン・ギャリソン（g）、ヴィック・マクミラン（b）、ロイ・ポーター（ds）
録音：1946年3月28日

**この１曲**　〈チュニジアの夜〉

えた後、ハーレムのナイトクラブ「ミントンズ・プレイハウス」に向かい、深夜から朝にかけて水を得た魚のように即興演奏に興じたと伝えられています。

ほぼ同時期、やはりハーレム界隈で夜通しセッションを行なっていた面々にはキャブ・キャロウェイ楽団出身のトランペット奏者ディジー・ガレスピー、ジェイ・マクシャン楽団出身のサックス奏者チャーリー・パーカーらもいました。〈アイ・ガット・リズム〉などいわゆるスタンダード・ナンバーのコード（和音）進行を即興の土台にしつつ、コードの構成音に変化を加えたり、リズムをより細分化したり、極限までテンポを速めたり――クリスチャンは42年に結核（当時の不治の病）で他界してしまいましたが、パーカーとガレスピーはジャズの尖端を開拓し、第二次世界大戦終了の年である45年にはそれぞれ初めてリーダーとしてレコーディングに臨んでいます。そこでガレスピーが自作自演した楽曲のひとつ〈ビバップ〉が、このジャズ・カテゴリー全般の呼び名となりました。

パーカーが残した数多い演奏の中でも、46年録音の〈チュニジアの夜〉は極めつきのひとつとして名高いものです。作曲者はガレスピーですが、ここでは19歳のマイルス・デイヴィスがトランペットを吹いています。1分17秒あたりで伴奏の音が止み、主役のアルト・サックスが驚愕のスピード感と音圧で飛び出してきます。間もなくリズム楽器が入り、その勢いのままアドリブが続きますが、フレーズの新しさ、発想の豊かさは、後に続く他の楽器のソロと比べると明らかに群を抜いています。紛れもない離れ業なのに近づき難さはなく、刹那・瞬間に生きるかっこよさが輝いています。

03

ロサンゼルスを拠点に花開いたさわやかなサウンド

# ウエスト・コースト・ジャズ

１９５０年代を迎えた頃、ニューヨークとカリフォルニアのジャズ・シーンは明暗を分けました。ニューヨークのそれは停滞し、トロンボーン奏者のＪ・Ｊ・ジョンソン、ベース奏者のチャールズ・ミンガスら少なくない名手たちが一時的に別の職業についたと伝えられています。いっぽう、カリフォルニアは朝鮮戦争による好景気に沸き、レコード産業や映画（サウンドトラック）産業も勢いに乗っていました。50年にはドラム奏者のシェリー・マン、51年にはサックス奏者／作編曲家のジェリー・マリガン（ふたりともニューヨーク出身）ら精鋭ミュージシャンたちが西海岸に向かい、同地のミュージシャンと交流を始めました。〝ウエスト・コースト・ジャズ〟は、50年代前半から中盤にかけてカリフォルニアで全盛を極めたジャズに与えられた呼び名で、特徴には白人ミュージシャン率の高さ、３〜５本程度の管楽器を含むラージ・アンサンブルの活況、フーガなどクラシック音楽の手法も導入したアレンジ、ジャズではまだ珍しかったホルンやオーボエ等の採用、「テナーはアルトのように、バリトンはテナーのように演奏すべし」と命じられていたかのようなクールでスムースなサックス吹奏などがあります。

50年代前半はレコード産業にとっても変化の時でした。片面３分少々の収録時間のうえに重くて割れやすいＳＰレコ

## ウエスト・コースト・ジャズ　この１枚

### 『ジェリー・マリガン・カルテット』

Pacific Jazz

演奏：ジェリー・マリガン（bs）、チェット・ベイカー（tp）、ボブ・ウィットロック（b）、チコ・ハミルトン（ds）
録音：1952年8月16日、10月15、16日

**この１曲**　〈フレネシー〉

ード（78回転）に替わって、より長時間の収録ができて割れにくいＥＰレコード（45回転で基本的に片面2曲）やＬＰレコード（33回転）が広まり、ジャケットやパッケージの重要性も問われ始めていました。

この時代に才能を開花させたのが写真家のウィリアム・クラクストンです。西海岸のジャズ界はまた、マリガン、チェット・ベイカー、アート・ペッパーら、フォトジェニックなミュージシャンにも事欠かず、クラクストンは55年に彼らを被写体にした『ジャズ・ウエスト・コースト』を出版し、ウエスト・コースト・ジャズの代表的レコード会社「パシフィック・ジャズ」はこの写真集とタイアップしたコンピレーションＬＰ『ジャズ・ウエスト・コースト』を発表しました。もうひとつの重要レコード会社である「コンテンポラリー」は、映画界でウィリアム・ワイラー（監督）と働いた経験を持つレスター・ケーニッヒが設立。ジャケット・デザインはもちろん、非常にクリアな録音でも人気を集めました。

ジェリー・マリガン・カルテットは、ジャズのスタイル〝ウエスト・コースト・ジャズ〟とその代表的作品を多数リリースした「パシフィック・ジャズ」レコードの双方のシンボル的存在といえましょう。〝低音でアンサンブルの底辺を支える〟バリトン・サックスのイメージを１８０度変えたといっても過言ではないマリガンの軽やかな吹奏とチェットの詩的なトランペットが絡み合って、極めてさわやかな世界が創出されています。マリガン同様、チェットも西海岸で生まれ育ったわけではありませんが、彼らが生み出すサウンドは、ロサンゼルスの陽光やスモッグの中で花開き、世界で親しまれるようになったのです。

# 04 ハード・バップ

1955年、ジャズ・シーンにおける西高東低の状況に変化が訪れました。西海岸で産声をあげたクリフォード・ブラウン＝マックス・ローチ・クインテットが本拠地をニューヨークに移し（同年秋にソニー・ロリンズ加入）、50年代前半から共演を重ねていたアート・ブレイキーとホレス・シルヴァーを中心とするザ・ジャズ・メッセンジャーズも活動をスタート。マイルス・デイヴィス・クインテットが結成されたのもこの年です。彼ら精鋭黒人ミュージシャンの支柱で、ビバップの立役者であったサックス奏者チャーリー・パーカーが34歳で世を去ったのも同じ55年のことですが、悲劇を創造に変えるかのようにジャッキー・マクリーンやキャノンボール・アダレイが躍進。翌56年にはブラウンが25歳で自動車事故の犠牲となったものの、「あのトランペットから放たれた炎を絶やすな」とばかりにリー・モーガン、ドナルド・バードら後輩たちが覇を争いました。

この時期、ニューヨークを拠点とする黒人ジャズマンたちが中心となって奏でた雄々しいジャズを〝ハード・バップ〟と呼んだのは音楽評論家でピアニストのジョン・ミーガンです。〝ウエスト・コースト・ジャズ〟と対照すべく、新聞『ヘラルド・トリビューン』紙上で命名したと伝えられています。ハードと

Art Blakey and The Jazz Messengers

## ハード・バップ　この1枚

### アート・ブレイキー&ザ・ジャズ・メッセンジャーズ『モーニン』

Blue Note

アート・ブレイキー（ds）、リー・モーガン（tp）、ベニー・ゴルソン（ts）、ボビー・ティモンズ（p）、ジミー・メリット（b）
録音：1958年10月30日

**この1曲**　〈モーニン〉

いう言葉には「激しい」のほかに「堅牢」というニュアンスがあることも考えると、これは言い得て妙。天才たちがアドリブにすべてを懸けた、つまり「中身が飛び切り旨ければ付け合わせや盛り付けなどどうでもよし」的ビバップに対し、ハード・バップはアドリブ以外の部分（イントロ、テーマ・メロディ、エンディング）などにも細心の注意を払った、構成力に富むサウンドが特色です。ビバップからハード・バップに至る間に、主要レコード・メディアは25センチSP（片面3分半ほど）から30センチLP（片面20分ほど）に替わっていました。LPの登場によって1曲あたりの収録時間が伸びたことは、演奏家に確実にリラクセーションも与えたことでしょう。

ハード・バップの黄金時代はまた、レイ・チャールズやファッツ・ドミノなどが歌うリズム&ブルースがかつてないほどの流行を示し、公民権運動が高まりを見せ始めていた時期にもあたります。ハード・バップの中でも特にゴスペル、ブルース、リズム&ブルース的な要素を強めたものは、別個に〝ファンキー・ジャズ〟と呼ばれるようになりました。その代表的グループにはアート・ブレイキー&ザ・ジャズ・メッセンジャーズ、ホレス・シルヴァー・クインテット（この2グループは前述ザ・ジャズ・メッセンジャーズから分裂）、キャノンボール・アダレイ・クインテットなどがあります。〈モーニン〉はブレイキーを象徴するナンバーであると同時に、ジャズ界を代表する有名曲のひとつ。ピアノの単音プレイからドラムスの大音量に至るまで迫力たっぷりに捉えたこのアルバムの録音技師ルディ・ヴァン・ゲルダーは、ハード・バップを音響面から輝かせたひとりです。

# モード・ジャズ

従来のジャズは基本的に、コード（和音）の進行に則ってアドリブが行なわれてきました。「規定のコード進行の中で、いかに快心の即興をするか」、それこそがジャズメンのアイデンティティでした。が、芸術家というものは飽きっぽく、しかも、とんでもない向上心を持ち合わせています。わざわざジャズという音楽を自己表現に選んだ人たちですから、昨日と同じことなどしたくないのです。さらに上へ、さらに高みへ。音楽家たちはコードやハーモニーにヴァリエーションを加え、アドリブはその「いっそう細かくなった設定」を縫うように、踏み外さないようにプレイされてゆきます。

それは即興をパワー・アップさせるため、発展させるための手段だったはずですが、逆にそれが足かせとなったことは否定できません。「コード進行を遵守すること」にとらわれてしまえば、その先にあるのは「逸脱しないために使われる手くせ」の多用と、それに伴うスリルの欠如です。もっと大らかに、思う存分、可能な限り制約が取り払われた中でアドリブをしたいなあ。そうした望みが演奏家の間から湧き上がってきても不思議ではありません。では、コード進行ではなく、モード（旋法）に沿って即興するのはどうだろう。モードに着目すれば、ひとつやふたつのコードの使用で、無限のアドリブ

## モード・ジャズ　この１枚

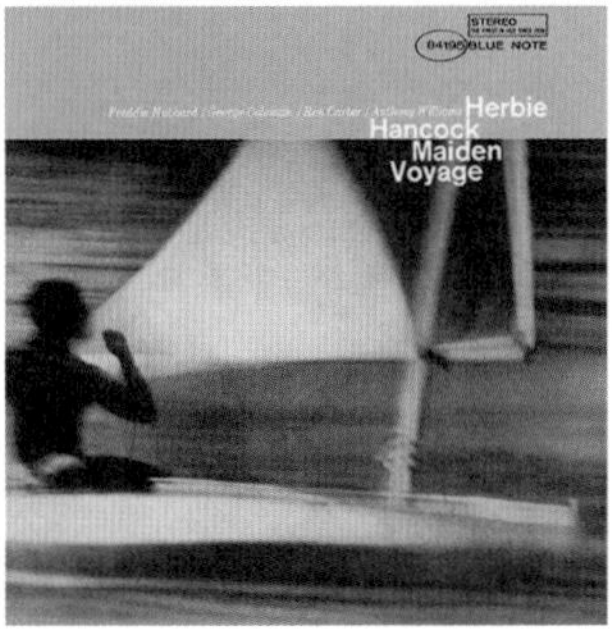


### ハービー・ハンコック
### 『処女航海』

Blue Note

演奏：ハービー・ハンコック（p）、フレディ・ハバード（tp）、ジョージ・コールマン（ts）、ロン・カーター（b）、トニー・ウィリアムス（ds）
録音：1965年3月17日

**この１曲**　〈処女航海〉

を繰り広げることができる。そこから湧き上がったのが〝モード・ジャズ〟という形式といっていいでしょう。

草分けのひとりに作編曲家ジョージ・ラッセルが数えられることもありますし、現代音楽家ダリウス・ミヨーに学んだピアニストのデイヴ・ブルーベックは「自分が（１９５４年に）作った〈ル・スーク〉がモード・ジャズの先駆けである」と主張しているようですが、まずはマイルス・デイヴィスの『カインド・オブ・ブルー』（59年）に入っている〈ソー・ホワット〉と〈フラメンコ・スケッチズ〉を初期モード・ジャズの成果として押さえておきたいところです。細かなコード進行に則ったジャズが各駅停車だとすれば、最小限の進行の上でイマジネーション豊かなアドリブが響き渡る〝モード・ジャズ〟は急行や特急のようなものであるともいえましょう。「アドリブ」という終着点は同じでも、そこに至るアプローチが異なるのです。

１９６０年代半ば、マイルスはハービー・ハンコック、ウェイン・ショーター、ロン・カーターら精鋭をバンドに迎え入れ、モード・ジャズを進化・発展させました。ジャズ評論家のアイラ・ギトラーは彼らの音楽を〝ニュー・メインストリーム・ジャズ〟と名付け、日本のジャズ雑誌『スイングジャーナル』（１９４７～２０１０年）が「新主流派」と訳したそうです。ハービーが１９６５年に放った傑作『処女航海』は「海」をテーマにした一種のコンセプト・アルバムですが、こうした発想も従来のジャズ・レコードに見当たらなかったものといっていいでしょう。一歩外を見ればビートルズやボブ・ディランの斬新なサウンドが話題を集めていた時代、ジャズにも確かに新しい風が吹いていたのです。

# 06 フリー・ジャズ

「フリー・ジャズの代表をひとりだけ挙げてください」と問われたら、九割九分のジャズ・ファンが「オーネット・コールマン」と答えることでしょう。独学でサックス演奏を始め、いくつか在籍したリズム・アンド・ブルースのバンドも短期間で解雇に。何人もの〝正統派〟ジャズ・ミュージシャンからも白眼視されたそうですが、ロサンゼルスで細々と自作自演を続けていたところ、人気バンド「モダン・ジャズ・カルテット」の音楽監督兼ピアニストであるジョン・ルイスの目にとまり、運が好転します。レコード会社との契約も成立し、30歳まであと数か月というときから始まった初のニューヨーク公演は、賛否両論渦巻く約半年のロングランとなりました。J・S・バッハを敬愛するルイスが、キー（調性）もバー・ライン（小節の境目）も何も眼中にないかのような、いわばルール無用の即興を繰り広げるオーネットに惹かれたのはジャズ史上の痛快事に数えることができます。

「果たして彼はまともに楽器ができるのか？」的な疑問を持つ人も少なくなかったようですが、その演奏コンセプトはソニー・ロリンズやジョン・コルトレーンらに刺激を与え、ヨーロッパで兵役についていたアルバート・アイラーの進路を決定づけました。『ジャズ来るべきもの』『世紀の転換』（ともに1959年）など、オーネットの初期作品の標題はいささか仰々しいものですが、そこからも彼の登場がいかに衝撃的だったか（業界がショッキングに売り出そうとしていたか）が伝わることでしょう。『世紀の転換』で〈フリー〉という題名の自作を演奏した翌年、オーネットはアルバム『フリー・ジャズ』に取り組みます。演奏されているのは、LPレコードの両面に及ぶ〈フリー・ジャズ〉1曲のみ。木管楽器、金管楽器、ベース、ドラムスが各2人、計8人が怒涛のような集団即興を繰り広げました。しかしオーネットは62年末から、約2年以上ものあいだ音楽界から退きます。

**フリー・ジャズ　この１枚**

## 『ゴールデン・サークルのオーネット・コールマン vol.1』

Blue Note

演奏：オーネット・コールマン（as）、デヴィッド・アイゼンゾン（b）、チャールズ・モフェット（ds）
録音：1965年12月3日、4日

**この１曲**　〈フェイシズ・アンド・プレイシズ〉

〈フェイシズ・アンド・プレイシズ〉は、世界のジャズ・レコード賞を総なめにした復帰後の代表作『ゴールデン・サークルのオーネット・コールマン』の収録曲。逞しさを増した音色、独自の歌心で綴られる尽きることのないアドリブ・フレーズは、彼が疑いなく第一級のジャズ・サックス奏者であることを伝えてやみません。クラシックの素養を持つベース奏者デヴィッド・アイゼンゾン、唸り声をあげながら演奏するドラム奏者チャールズ・モフェットとの相性も抜群で、フリー・ジャズ入門、オーネット入門はもちろんのこと、ジャズ・ライヴ・レコーディング入門にもふさわしい名演といえましょう。

以上、オーネットに限定して稿を進めてきましたが、「これだ」という制約が極めて少ないために、「奏者の育ちが出る」のが〝フリー・ジャズ〟という音楽です。ヨーロッパのフリー・ジャズは現代音楽と陸続きともいえますし、リズム・アンド・ブルースやソウル・ミュージックからフリーの世界に入った黒人ミュージシャンも少なくありません。

# フュージョン

1960年代が生んだ最大の音楽現象は〝ロック〟でした。ヴォーカル主体／楽器はドラム以外基本的にエレクトリック／スタジアムに轟く音量／8ビートが半ば標準であるロックの特色は、インストゥルメンタル主体／生楽器／ジャズ・クラブから ホール規模を満たす程度の音量／4ビートが半ば標準であるジャズと対照的だったといっていいでしょう。ジェリー・マリガン（▼56ページ）はロック・ナンバーをジャズ化した『イフ・ユー・キャント・ビート・エム、ジョイン・エム（撃退できないのなら、仲間になっちまおう）』を出し、ビートルズのジョージ・ハリスンと同い年のギタリスト、ラリー・コリエルは、エフェクター、チョーキング、フィードバック奏法などを活用して、ロックのエネルギーとジャズの即興を衝突させました。コリエルやサックス奏者スティーヴ・マーカスは、いわゆる〝ジャズ・ロック〟の旗手として注目を集めました。

60年代当時の音楽家にとってロックとは生命の燃焼であり、究極にワイルドになることのできる音楽だったのでしょう。しかしジミ・ヘンドリックスやジャニス・ジョプリンが亡くなった70年以降、ロックはよりポップでパーソナルな側面を帯びてゆきます。ジェイムス・テイラーやジョニ・ミッチェルなどのシンガー・ソングライターが躍進し、ジャズに造詣の深いドナルド・フェイゲンとウォルター・ベッカーは「スティーリー・ダン」を結成しました。彼らの表現を支えたのは、ロックやポップスに理解があり、ジャズの心得も持つ、技巧派の新世代ミュージシャンたちです。こうした演奏家たちは自分たちのバンドでも精力的な活動を行ないましたが、そこから発生したのはジャズを軸に、ロック、ポップス、ソウル、ファンク、ラテン等のサウンドがごく自然に混ざりあう響きでした。75年頃になると〝クロスオーヴァー〟という言葉が、ひとつの音楽カテゴリーを示すものとしてアメリカの音楽雑誌で使われ始め、76年春から日本のレコード会社「CBSソニー」がおそらく他社に先駆けて商品のオビや広告に採用。その後、アメリカでこうした音楽が〝フュージョン（ジャズ・フ

## フュージョン　この1枚

### チック・コリア
### 『リターン・トゥ・フォーエヴァー』

ECM

演奏：チック・コリア (kb)、ジョー・ファレル (fl, ss, ts)、スタンリー・クラーク (b)、アイアート・モレイラ (ds, per)、フローラ・プリム (vo)
録音：1972年2月2日、3日

**この1曲** 〈リターン・トゥ・フォーエヴァー〉

ュージョン〟と呼ばれてきたことを受けて、78年下半期から日本市場でも〝フュージョン〟という言葉が使われるようになりました。

チック・コリアが『リターン・トゥ・フォーエヴァー』(72年)を録音した当時、〝フュージョン〟というカテゴリー用語は生まれていませんでしたが、この作品には国籍/人種/性別を超えて音楽家が集まり、さまざまな音楽の要素がきらめいています。言葉本来の意味でのフュージョン(融合)がここにあるといっていいでしょう。特に日本では大ヒットし、発売当時、他ジャンルの音楽ファンを数多くジャズの世界に引き入れることになったと伝えられるのも納得の、風通しのよさ、気持ちよさに浸ることができます。チックの弾むようなフェンダー・ローズ(エレクトリック・ピアノ)、ブラジル人アイアート・モレイラが打ち出すリズムは、我々を陽光の下に連れ出してくれるかのようです。

08

大迫力も繊細さも、「大編成」はなんでもできる

# ビッグバンド・ジャズ

ステージの下手（向かって左）側にピアノ、ギター、ベース、ドラムスの各奏者が集まり、上手側に4人のトランペット奏者、4人のトロンボーン奏者、5人のサックス奏者がひな壇のように並んで、一丸となって強烈な音の塊をぶつけてくる——全身でジャズを体感する醍醐味が、〝ビッグバンド・ジャズ〟（オーケストラ・ジャズ）には溢れています。

その第1号が誰の楽団であるかについては明快な答えが出ていないようですが、ポール・ホワイトマン・オーケストラ（1920年結成）、デューク・エリントン・オーケストラ（1923年結成）、フレッチャー・ヘンダーソン・オーケストラ（1924年結成）が草分けであることは確かです。とはいえ、この時代はまだ楽器編成が安定しておらず、チューバをリズム楽器として使ったり、ギターよりもバンジョーが重用されている等の特色がみられます。スウィング・ブームが巻き起こった30年代半ばになるとベニー・グッドマンやアーティ・ショウなどのクラリネット奏者が人気を博し、自ら率いるビッグバンド（この時期、文頭で触れた「標準編成」が一般的になったようです）の伴奏で華麗なプレイを披露しました。いっぽう、グレン・ミラー・オーケストラは、クラリネットをサックス・セクションのリード楽器（一般的にはアルト・サックスが務めます）に採用。より広い音域を駆使したクールな響きは、確実にビッグバンド・ジャズに新風を吹き込みました。また、元ミラー楽団のクロード・ソーンヒルは39年に自身のオーケストラを結成、41年に鬼才アレンジャーのギル・エヴァンスを招き入れて、ホルン、バス・クラリネット、チューバ（管楽器のハーモニーを支える役割として）等を含む、おそろしく時代を先取りした音世界を創造します。さらにギルは40年代後半からマイルス・デイヴィスとの共同作業を開始、70年代に入るといち早くシンセサイザーを取り入れて、大編成ジャズの世界に一石を投じました。「スウィング」「ドライヴ」に対する、「ニュアンス」「テクスチャー」としての集団表現を探求したギルの気概はマリア・シュナイダー（▼154ページ）ら、数々の後進

## ビッグバンド・ジャズ　この１枚

**カウント・ベイシー・オーケストラ**
**『ベイシー・イン・ロンドン』** Verve

演奏：カウント・ベイシー（p）、ウェンデル・カレー、レウナルド・ジョーンズ、サド・ジョーンズ、ジョー・ニューマン（以上tp）、ヘンリー・コーカー、マシュー・ジー、バニー・パウエル（以上tb）、フランク・フォスター、チャーリー・フォーケス、ビル・グラハム、マーシャル・ロイヤル、フランク・ウェス（以上sax）、フレディ・グリーン（g）、エディ・ジョーンズ（b）、ソニー・ペイン（ds）、ジョー・ウィリアムス（vo）　録音：1956年9月7日

**この１曲**　〈ジャンピン・アット・ザ・ウッドサイド〉

編曲家による響きを通じて現在も息づいているといっていいでしょう。１００年の歴史を持つビッグバンド・ジャズは、いまなお輝かしく前進を続けています。

とはいえ、標準編成による王道の風格、「スウィングすることこそすべて」的な思い切りの良さには、これはこれでこたえられない魅力があります。カウント・ベイシー・オーケストラは１９３６年に発足し（前身バンドから数えるとさらに長い歴史を持ちます）、御大ベイシーが84年に亡くなった後も、ひたすらサウンドの継承に努めるビッグバンド・ジャズの横綱的存在。この〈ジャンピン・アット・ザ・ウッドサイド〉は同楽団が一種のピークを迎えていた１９５６年のライヴで（正しい録音場所はロンドンではなくスウェーデンのヨーテボリ）、花形奏者のひとりであったフランク・フォスターも快調そのもののサックス・プレイで楽しませてくれます。

# ジャズ・ヴォーカル

「歌うように楽器を奏でる人」がいれば、「楽器を奏でるように歌う人」もいる。それもジャズの独特なところといえましょう。いわゆる〝ジャズ・ヴォーカル〟の開祖は、トランペット奏者のルイ・アームストロングです。一度聴いたら忘れられないほど個性的なダミ声で、恋やダンスや日常のさまざまな出来事を歌い、時にスキャット唱法を交えながら、トランペット演奏と同様に聴く者を魅了しました。ジャズ・ヴォーカルに、オペラのようなコロラトゥーラ・ソプラノやベルカント唱法は基本的に登場しません。ルイはまた、ベッシー・スミスをはじめとする数々のブルース歌手とも共演レコーディングを残しています。マイクが未発達の時代ということもあったのでしょう、ベッシーの生の歌声は建造物を揺るがすほど豊かなものだったと伝えられています。

このふたりに大きな影響を受けて、1930年代に頭角を現わしたのがビリー・ホリデイです。ベッシーのような激しいシャウトやルイのようなスキャット唱法に取り組むことはありませんでしたが、歌と伴奏の垣根を飛び越えてしまうようなノリの良さ、管楽器のようなフレーズづくりは、今なおジャズ・ヴォーカルの範のひとつです。特に37年に始まるサックス奏者レスター・ヤングとの共演は、まさに「歌うように楽器を奏でる人」と「楽器のように歌う人」の出

## ジャズ・ヴォーカル　この1枚

### エラ・フィッツジェラルド『マック・ザ・ナイフ～エラ・イン・ベルリン』

Verve

演奏：エラ・フィッツジェラルド（vo）、ポール・スミス（p）、ジム・ホール（g）、ウィルフレッド・ミドルブルックス（b）、ガス・ジョンソン（ds）
録音：1960年2月13日

**この1曲**　〈マック・ザ・ナイフ〉

会いであり、〝ミュージカル・ロマンス〟（音楽的な恋愛）と形容されるほどの親密さに満ちています。

ビリーのライヴに足を運び、歌い方のアドバイスも受けた男性歌手のひとりに、フランク・シナトラがいます。〈マイ・ウェイ〉等、後期の大ヒット曲でもおなじみの〝アメリカ芸能界のドン〟ですが、ジャズ的には40～50年代の歌唱がことさら重要です。その頃の歌唱曲目を見ると実に「ジャズのスタンダード・ナンバー」が多いのですが、それらのほとんどは当時の新曲で、シナトラの歌をきっかけにジャズ界の定番になったのでした（マイルス・デイヴィスも、彼からの影響を認めている楽器奏者です）。ビリー、シナトラ、ピアノ弾き語りの名手ナット・キング・コール等の遺伝子は、ダイアナ・クラール、カサンドラ・ウィルソン、グレゴリー・ポーターらの現役音楽家に継承されています。

ビリー・ホリデイが月ならば、ほぼ同世代の好敵手であるエラ・フィッツジェラルドは太陽でしょうか。しかもエラは麻薬に溺れ若くして亡くなったビリーとは対照的に、7デケイド（1デケイド＝10年）にわたって活動を続けました。そんな彼女の代表的名唱のひとつが〈マック・ザ・ナイフ〉です。もともとはドイツ産の音楽劇『三文オペラ』の楽曲で、ルイ・アームストロングが歌ったことでジャズ界に広まりました（サックス奏者のソニー・ロリンズも〈モリタート〉という題名で演奏しています）。エラは歌詞の一部を変え、ルイの物まねも入れ、観客から熱狂的な反応を引き出します。ジャズ・ヴォーカリストとしての風格、エンターテイナーとしての輝き。双方が一体となった圧巻のパフォーマンスです。

# 21世紀のジャズ

「ジャズのスタイルは連続していて、新しいスタイルはそのピークから発展したもの」という主旨で進めてきた本稿も、ついに「21世紀のジャズ」に到達しました。21世紀最大の現象のひとつは「インターネットの普及」であると思われます。世界の人々と瞬時に交流できる場が、これほど開かれた形で存在したことはかつてなかったはずです。しかも動画サイトでは、過去の音楽家が「どのように演奏しているのだろう」とあれこれ考えをめぐらせたに違いない伝説的な天才の演奏シーンまで簡単に見ることができ、サブスクリプションに加入すれば１９１０年代のジャズから配信限定の（つまり、CDなどになる予定のない）収録したての演奏に至るまで一通り聴けてしまうのです。インターネットを駆使すれば、家にいながらにして、はるか遠くに住んでいる巨匠演奏家からのレクチャーを受けることも可能です。20世紀半ばのジャズ界では、若手ミュージシャンはまずビッグバンドに属し、厳しいワン・ナイト・スタンド（一夜ごとに別会場で演奏）を経て、ようやくリーダーとして独立するケースが多々ありました。近年では、音楽大学を卒業してから即座に自身のグループで作品を発表することも日常的な風景になっています。

ジャズのレコーディングといえば「一か所に集まって、リアルタイムで飛び出す共演者の音に耳を傾けつつ演奏する」

Kamasi Washington

## 21世紀のジャズ　この1枚

### カマシ・ワシントン『ヘヴン・アンド・アース』

Beat Records/Young Turks

演奏：カマシ・ワシントン (ts, arr)、パトリース・クイン (vo)、ドゥワイト・トリブル (vo)、キャメロン・グレイヴス (p)、ブランドン・コールマン (kb)、マイルス・モーズリー (b)、トニー・オースチン (ds)、ロナルド・ブルーナー・ジュニア (ds) ほか
発表：2018年

**この1曲**　〈フィスト・オブ・フューリー〉

ことが半ば当たり前であったはずですが、2020年から本格化した新型コロナウイルスの猛威によって必然的に広まったリモート録音という手段が、そこにゆさぶりをかけるであろうことも十分に予想されます。

いっぽうで過去のスタイルが絶えることなく続いてゆくのもジャズという現象の良いところですが、現役演奏家の〝ニューオリンズ・ジャズ〟や〝ハード・バップ〟も聴きごたえがあると承知しつつも、「これは新鮮だな」と深い喜びと興奮を与えてくれるものは、「ロング・ソロよりもビート（ドラム・パターン）や和音」「個々の名人芸以上に、ミキシング等も含んだうえでのサウンド全体の質感」が重視されたものである——それが21世紀産のジャズ作品に対する印象です。

サックス奏者のカマシ・ワシントンは、キーボード奏者のロバート・グラスパー（▼151ページ）と並ぶ、2010～20年代のジャズの顔というべき存在です。太くうねるサックス演奏に加え、作編曲家、大編成のバンドを統率するオーガナイザーとしても群を抜いた才能を示しています。また、ミュージック・ビデオやホームページ、ファッション面も含めて、〝見せる〟ということを重視しており、それはジャケット・デザインひとつにも明確に表われています。〈フィスト・オブ・フューリー〉は、ブルース・リー主演映画『ドラゴン怒りの鉄拳』の主題曲を、カマシ流に再創造したもの。俳優の前に武道家であったブルース・リーは「心を空《から》にして形を取り去れ。水のように、型を捨てろ」との発言を残していますが、今のジャズは気が遠くなるほど多種多様、百花繚乱。どんな風にも形を変え、聴く者の感性次第でどんな形にもすくいとることができる水のようなものです。

コラム

# ジャズの楽器にルールはない

**ジャズは「個性の音楽」。どんな楽器でもジャズは演奏できますし、標準編成こそありますが、組み合わせにもルールはありません。あっと驚くこんな楽器も使われています。**

## 金管楽器

トランペットに代表される「金管楽器」。唇を振動させて音を出します。ジャズで多く使われるのが、トランペットとトロンボーンです。この２種とバス・トロンボーン（低音域のトロンボーン）はビッグバンドに必須の楽器です。

トランペットに似た楽器では、コルネットとフリューゲルホーンがあります。これらは奏法も音域も同じため、トランペット奏者が持ち替えて使うことが多いです。構造上音色に違いがあり、コルネットはトランペットに比べて鋭く、フリューゲルホーンはやや丸い音というイメージですが、ジャズでは奏者の個性が強いので、一概にそうとはいえません。コルネットは、ルイ・アームストロングに代表されるニューオリンズ・ジャズの時代にはよく使われていましたが、モダン・ジャズの時代にはトランペットが中心になりました。

上からコルネット、トランペット、フリューゲルホーン。管の太さと丸め方が違います。

## 木管楽器

バスクラを演奏するルイ・スクラヴィス。

サックス、クラリネットの仲間が「木管楽器」。管体素材にかかわらず、リード（おもに葦でできた薄い振動板）を吹いて振動させて音を出す楽器です。発音機構は異なりますがフルートも木管楽器です。サックスは、高い音域からソプラノ、アルト、テナー、バリトンの４種がジャズではよく使われています。ただ種類は多く、ソプラノより高音域のソプラニーノ、バリトンより低いバス、コントラバスというサックスも使われます。

ふつうクラリネットと呼ばれているものは、ソプラノ・クラリネットです。こちらもそれより高低それぞれの音域の楽器がありますが、ジャズでソプラノ以外ではなぜかバス・クラリネット（ジャズマンはバスクラと呼ぶ）だけがよく使われています。

## 弦楽器

ジャズでよく使われる弦楽器といえばギターとベースですが、ほかには奏者の数は少ないながらヴァイオリンがあります。代表奏者はステファン・グラッペリ。代表というよりはグラッペリがジャズ・ヴァイオリンのスタイルを作ったのでした。

## そのほかにも…

ジャズの楽器はなんでもありです。これらのほかにも奏者・アルバムは少ないですが、金管楽器ではチューバやフレンチホルン、木管楽器では尺八でも演奏があります。弦楽器ではウクレレ、チェロ、スチール・ギターもあります。特に珍しいものとしてはジャズ・ハーモニカ奏者（というのも少ないですが）のトゥーツ・シールマンスは、口笛もジャズの「楽器」にしてしまいました。しかもギターを弾きながらユニゾンするという技まで聴かせてくれます。

〈池上信次〉

# 第5章

## このひと吹きが世界を変えた
# ジャズの先駆者10

**この楽器は？**

**ピアノ**

ピアニストは自分の楽器を持ち運べません。場所により楽器の状態が違っても、同じ音を出せるのが優れたピアニストの証。

イントロダクション・「この作品」選盤：後藤雅洋
ミュージシャン紹介：長門竜也
そのほか：池上信次

Spotifyプレイリストの二次元コードです。12ページ参照。

# ジャズは「人」を聴く音楽

ジャズの特徴として、第4章「スタイル」でも触れましたが、ルイ・アームストロングであるとかチャーリー・パーカー、マイルス・デイヴィスといった特定のミュージシャンの影響力が非常に強い音楽であることが挙げられます。その理由として、ジャズは音楽理論や譜面によって伝えられる要素より、「人間関係」を通じて伝達されるファクターが非常に大きい音楽ジャンルだからです。「口承音楽《こうしょう》」といってもいいぐらいです。

たとえばジャズの重要な要素であるリズムひとつとっても、とうてい五線譜で表現できるような単純なものではなく、微妙な「間《ま》」「ニュアンス」は、現場の演奏を通じてしか伝承されないのです。極論すれば、ジャズの「極意」は共に演奏することによってしか伝わらない。典型的なのは、マイルス・デイヴィスがチャーリー・パーカーのサイドマン時代にパーカー流即興の限界を察知し、パーカーの音楽を批判的に継承して新たなジャズ・スタイルを生み出した例が挙げられます。また、未完のテナー奏者だったジョン・コルトレーンがマイルス・バンドのサイドマンとして鍛えられたケースや、そのコルトレーンが不調に陥った際、セロニアス・モンクのバンドで共演することで一流ミュージシャンへと成長を遂げた例など、人間関係～師弟関係がたいへん大きな要素となっているのです。ですからジャズではミュージシャン中心の聴き方が一般的なのですね。

こうした人間中心主義は、「まえがき」で触れた「ジャズの本質」から来ています。初期の混沌とした〝ジャズ〟にルイ・アームストロングが示した道筋は、「ジャズは自分の音を出してもいい音楽だ」ということでした。ここに「個性重視の音楽」というジャズの一番大事な「原則」が示されたのです。言い換えればジャズは「人を聴く音楽」なのです。

ジャッキー・マクリーン
『スイング・スワング・スインギン』
Blue Note

演奏：ジャッキー・マクリーン（as）、ウォルター・ビショップJr.（p）、ジミー・ギャリソン（b）、アート・テイラー（ds）
録音：1959年10月20日

## ジャズは「人」から「人」へ

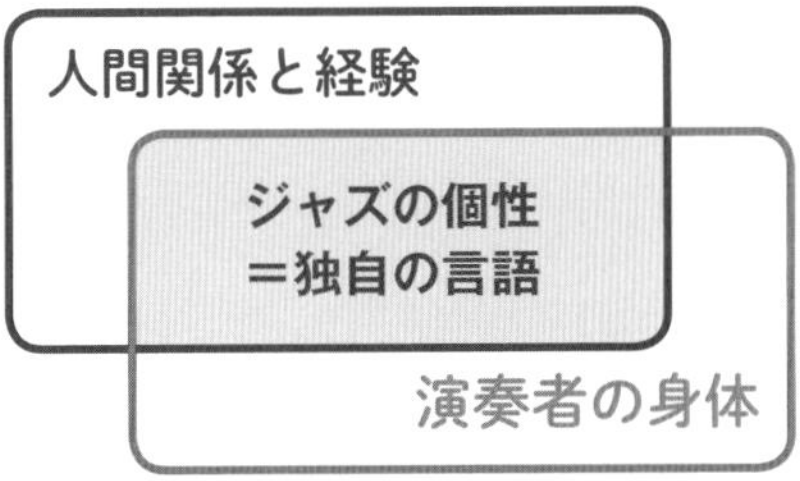


この場合の「人」とは、「人間性」とか「内面・精神」というよりは、むしろ「各人固有の肉体（の癖）」なのですね。ここが重要です。いい例がルイのトランペットでしょう。この楽器は唇の振動を拡大して音を出す構造なので、いわば身体が楽器。ですからルイの極めて個性的なトランペット・サウンドは、彼のボディがなければ表現できないのです。そしてもちろん、彼のユニークなダミ声ヴォーカルの魅力は、ルイの声帯でしか表現しえないのは言うまでもありません。同様なことはマイルスやコルトレーンにも言えて、彼らの出すサウンドはもちろん独自の音楽観・美意識に基づいているとはいえ、「音」そのものは口や指の働きを統合する各人固有の身体機能が下敷きとなっており、それが「一聴」して、マイルスだ、コルトレーンだとわかる理由なのです。

裏返せば、「巧いけれど誰だかわからない」ような演奏は、あまりジャジーとは言えないのですね。このことをもう一度ひっくり返してみると、ジャズならではの興味深い「聴きどころ」が見えてきます。たとえば天才チャーリー・パーカーの影響を濃厚に受け、彼のフレーズ（節回し）を熱心にコピーしたジャッキー・マクリーンなどは、演奏技術ではパーカーのレベルには及ばないのですが、ジャズ喫茶などではたいへんな人気者です。

理由はふたつほどあるようです。まずマクリーンの節回しは「訛《なま》って」いるのです。そう、NHKのアナウンサーのように「標準語」ではなく、「マクリーン節＝方言」なのです。もうひとつは、「ストック・フレーズ」といって「決まり文句」のような節回しの多用です。「決まり文句」とはいっても「マクリーン語」の決まり文句ですから、これが出てくると誰しもが「あ、マクリーンだ」とわかるのですね。これが人気の秘密なのです。こうしたことが、まさに「ジャズは人を聴く音楽」ということを表しています。

## 01

# ルイ・アームストロング

### ジャズの形を作り、改革し、世界中に知らしめた〝ジャズの父〟

ぎょろっとした目玉でおどけ、歯をむき出しに大口で笑いとばす、豪快でチャーミングなおじさん。「サッチモ」の愛称は、〝がま口〟から来ているようです（Satchel《サッチェル》 Mouth《マウス》 → Satchmo《サッチモ》）。見た目はこんなですが〝ジャズの父〟とも呼ばれ、一代でジャズの礎を築きそれを大衆にまで広めた先駆者でした。のちに「これぞジャズ」と言われるいくつものアイディアを確立した改革者でもあり、ジャズ好きなら彼のお墓へ足を向けて寝ることはできないでしょう。

1901年、ニューオリンズで生まれ、日々酒場から音が漏れ聴こえるストーリーヴィルで幼少期を過ごします。歌はその頃から嗜んでいましたが、トランペット（最初はコルネット）との出会いは少年院に収容されていた時のこと。街を行くパレードへ祝砲代わりに手持ちのピストルをぶっ放したため、警察に捕まってしまったのです。ただ楽器の腕はめきめきと上達し、出所時は衆目を集めるほど立派な演奏家になっていました。

その大きな音や歌心は天性のもの。マウスピースを強く唇に押し当てて高音を鳴らし、その緩急で大きなヴィブラートをかける、クラシックでは用いられないこの吹奏法であらゆる表情を作り出していきました。最愛のトランペッター、キング・オリヴァーをシカゴまで追いかけ、彼のバンドに加入したのは22年のこと。翌年に同バンドで最初のレコーディングを経験します。噂を聞いた編曲家のフレッチャー・ヘンダーソンからニューヨークに呼びだされ、ソリストとして氏のビッグバンドで演奏。そこでサッチモが提案したセクションごとの即興は、のちのスウィング・ジャズのアレンジに大きく影響を及ぼすことになります。

再びシカゴへ戻り、のちに妻となるリル・ハーディン（ピアノ）と組んだ最初の自己名義コンボでの録音は、大きな話題となりました。多くがトランペッターとしてもっとも脂の乗った時期だったと証言します。〈ヒービー・ジービーズ〉の録音中、どこからともなく風が吹き込んで歌詞カードを舞いあげ、そこで歌詞のない〝スキャット〟唱法が生み出され

Photo by William P. Gottlieb/Ira and Leonore S. Gershwin Fund Collection, Music Division, Library of Congress.

1946年ニューヨークにて。

1901年 8月4日
ルイジアナ州ニューオリンズで誕生
1922年
シカゴに移りキング・オリヴァーのグループに加入
1923年
オリヴァーのグループで初レコーディング
1924年
フレッチャー・ヘンダーソン楽団に参加
1925年
シカゴに戻り「ホット・ファイヴ」結成
1926年
ジャズ史上初のスキャット・ヴォーカル〈ヒービー・ジービーズ〉録音
1927年
「ホット・セヴン」結成
1943年
ニューヨークに定住
1949年
ジャズマンで初めて『タイム』誌の表紙に
1953年
初の日本公演
1956年
エラ・フィッツジェラルドとの共演盤『エラ・アンド・ルイ』録音
1964年
〈ハロー・ドーリー〉が全米ナンバーワンに
1967年
〈この素晴らしき世界〉が世界的ヒット
1971年 7月6日
心臓発作で死去

## まずはこの作品から

### ルイ・アームストロング『ハロー・ドーリー』 Kapp

演奏：ルイ・アームストロング（vo,tp）、ジョー・ダレンスバーグ(cl)、ラッセル・ムーア(tb)、ビリー・カイル(p)、グレン・トンプソン(g)、アーヴェル・ショウ(b)、ダニー・バーセロナ(ds)
録音：1964年4月

**『ハロー・ドーリー』は、1964年初演のブロードウェイの大ヒット・ミュージカル。サッチモはいち早くカヴァーし、そのダミ声で新たな魅力を付加しました。サッチモの古くからの仲間たちが顔を揃えたオールスター・セッションなので、当時は「古き良き時代」のリヴァイヴァルでもありました。**

---

**ルイ・アームストロング『ザ・ベスト・オブ・ザ・ホット5・アンド・ホット7・レコーディングス』** Columbia

**1926～28年、キャリア初期のベスト盤。コルネットの演奏は、誰もがわかる理屈抜きの素晴らしさ。初のスキャット歌唱〈ヒービー・ジービーズ〉も聴けます。**

**『ルイ・アームストロング・ミーツ・オスカー・ピーターソン』** 1957年 Verve

**サッチモは「古い時代」にとどまる人ではありませんでした。この年、サッチモ57歳、ピーターソンは32歳。新世代とも積極的に共演していたのでした。**

た……真偽のほどはわかりませんが、初めてスキャットが盤に刻まれた瞬間でした。また同じ時期、低音にウッド・ベースを加えたリズム・セクションを試したり、ニューオリンズ以来の集団即興を離れ、楽器１本のソロ・パートを設けたり、これらはジャズの王道として定着していくもので、彼の功労はそんな細部にも及びます。

サッチモを語る折に忘れられがちなことがひとつ。それまでオーケストラに華を添えるためだけに招かれた歌手を、ソリストのひとりとして存在させ、ジャズ・ヴォーカルというジャンルにまで昇華させてしまった功績。ハーモニーを彩るためだけの発声ではなく、（どんなダミ声であっても）ジャズ・フィールを喉に乗せスウィングさせる。つまり、声でジャズを演奏することを思いついたのです。このコペルニクス的転回は、やがてジャズからも飛び出して広がり、大衆を相手に心を浮き立たせてくれました。

「サッチモ」とも「ポップス」とも呼ばれ、後年は国交のうまくいかない地域を親善大使として巡る活動にも精力を注ぎ込みました。「アンバサダー・サッチ」とも称えられるゆえんです。

## ルイ・アームストロング関連ミュージシャン

バンドリーダー　バンドメンバー　グループ　**共演者**　関係者

### ホット・ファイヴ／ホット・セヴン

Louis Armstrong and his Hot Five / Hot Seven

1925年、サッチモはニューヨークからシカゴに戻り、最初の自身のバンドを結成しました。その名は「ホット・ファイヴ」。メンバーはサッチモ（cor）、妻のリル・ハーディン・アームストロング（p）、ジョニー・ドッズ（cl）、キッド・オリー（tb）、ジョニー・セント・サイア（banjo）の５人。ベースもドラムスもいませんが、これが当時のニューオリンズ・スタイルの典型的な編成でした。リズムよりも管楽器の集団即興が重視されていたのです。ドラムスが入るのは27年に結成した「ホット・セヴン」から。そこにはチューバも加わり、打楽器と低音楽器がリズムを支えるという現在に連なるスタイルが作られました。

### キング・オリヴァー

Joe "King" Oliver（cor）　1885～1938

オリヴァーは1910年代にニューオリンズで、20年代はシカゴで活動し大人気を博していました。「キング」の名前はその証。そしてさらにバンドを強化すべく、ニューオリンズからサッチモを呼び、自身の「クレオール・ジャズ・バンド」に加入させました。サッチモはその活動を足がかりにニューヨークに進出したのでした。

『キング・オリヴァー＆ルイ・アームストロング』
1923年　Milestone

### ビング・クロスビー

Bing Crosby（vo）　1903～1977

サッチモは映画にも多数出演しました。中でも『上流社会』では、ビング・クロスビーとフランク・シナトラと共演。映画ではサッチモ率いるオールスターズの演奏やクロスビーとの共演もあり、音楽を超えた国民的エンターテイナーだったことをうかがわせます。このほかにもクロスビーとは共演盤をリリースしています。

『上流社会（ハイ・ソサエティ）オリジナル・サウンドトラック』
1956年　Capitol

### エラ・フィッツジェラルド

Ella Fitzgerald（vo）　1917～1996

ジャズ・ヴォーカルの「元祖」ふたりの共演。美声とダミ声という、まるで違うタイプながら、リラックスしたムードで息もぴったり。「ジャズは個性」ということがよくわかる演奏です。ここには「歌」とジャズの素晴らしさがたっぷりと詰まっています。サッチモはもちろんトランペットもプレイ。続編も２枚作られました。

エラ・フィッツジェラルド＆ルイ・アームストロング
『エラ・アンド・ルイ』
1956年　Verve

**TRIVIA**

### ビートルズを超えたサッチモ人気

1964年4月4日、『ビルボード』ホット100チャートはビートルズが１位から５位までを独占しました。１位の〈キャント・バイ・ミー・ラヴ〉はその後５週間１位の座をキープするのですが、その翌週は２位に転落します。ビートルズを蹴落としたのは……なんとサッチモ。〈ハロー・ドーリー〉が首位に輝いたのです。このときサッチモは62歳。ついでに１位獲得の最年長記録も作ってしまったのでした。

## 02

# デューク・エリントン

### オーケストラを〝自身の楽器〟とし、あらゆる音楽を取り入れてジャズを拡大

あらゆる音楽に精通し、どんな辺境にある民族音楽にも真剣に耳をそばだてました。その処女性を壊すことなくジャズに分解し、率いる楽団に演奏させるのです。クーティを天井まで届かせ、キャットに天井を突き破らせ、トリッキー・サムのビートで心臓を高鳴らさせば、ポールをブラスの格子細工に突入させてから、しまいにハリーの音で極上の風景を開かせるんだ……。（ミュージシャン名は82ページ参照）

1899年。ワシントンD.C.で、ホワイトハウスにも出入りする執事の長男として誕生します。6歳でピアノを習い、絵心もあって看板描きのバイトをしながら、校内のパーティで演奏しはじめます。身なりの良さ、気品の高さから「デューク（公爵）」とあだ名され、生涯これを使い続けました。高度な作曲理論も学び、16歳の時にはプロとして活動を始めるのです。ニューヨークへ進出し、エルマー・スノーデン楽団を引き継いでリーダーになると、最初のチャンスは1927年に訪れます。ハーレムの高級ナイトクラブ「コットン・クラブ」との契約を成立させたのです。「客は裕福な白人、演奏は黒人ジャズメン」、これが大きな評判を呼び、ここで野生動物が叫ぶような特殊奏法とアフロ風ドラムのジャングル・スタイルを確立させます。その後もホテルやクラブに援助されながら、ともにジャズを成長させていきました。黒人の歴史と変貌、自由と解放、精神と文化を曲にし、アメリカ三大作曲家に掲げられます。そんな彼も浮き沈みを経験します。30年代後半に起こる、白人中心のスウィング旋風。当時の新曲は自由形式による印象主義的管弦楽で、理解の追いつかないファンから「うぬぼれとナンセンスに彩られた退屈な超大作」という屈辱的批判を浴びました。

くじけることを知らないエリントンは、近現代音楽にも通じ、それをジャズにアダプトすることを創作の主眼に置きます。ソリストも充実させ、作曲と即興のみごとな融合がなされていきました。「オーケストラが私の楽器なんだ」。最終的に28年間も片腕をつとめるビリー・ストレイホーンを加入させ、ジミー・ブラントン（ベース）とベン・ウェブスター（テ

Photo by William P. Gottlieb/Ira and Leonore S. Gershwin Fund Collection, Music Division, Library of Congress.

1946年、ニューヨークのジャズクラブ「アクアリウム」にて。

**1899年 4月29日**
ワシントンD.C.で誕生

**1916年**
ピアニストとして活動を始める

**1927年**
「コットン・クラブ」とバンド契約

**1931年**
コットン・クラブを辞め、公演旅行開始

**1933年**
イギリス、スコットランド、フランス、オランダ、イギリスをツアー

**1950年**
西ヨーロッパをツアー

**1956年**
ニューポート・ジャズ・フェスティヴァルに出演

**1961年**
カウント・ベイシー・オーケストラとビッグバンド共演『ファースト・タイム』録音

**1964年**
日本公演

**1966年**
ヨーロッパ、アフリカ、日本へツアー

**1967年**
ビリー・ストレイホーン死去

**1969年**
70歳の誕生日に、ホワイトハウスにてリチャード・ニクソン大統領から「大統領自由勲章」を授与される

**1974年 5月24日**
肺癌と肺炎の合併症により死去

## まずはこの作品から

### 『ザ・ポピュラー・デューク・エリントン』 RCA

演奏:デューク・エリントン(p)、キャット・アンダーソン、マーサー・エリントン、ハーブ・ジョーンズ、クーティ・ウィリアムス(以上tp)、ローレンス・ブラウン、バスター・クーパー、チャック・コナーズ(以上tb)、ジョニー・ホッジス、ラッセル・プロコープ、ジミー・ハミルトン、ポール・ゴンザルヴェス、ハリー・カーネイ(以上sax)、ジョン・ラム(b)、サム・ウッドヤード(ds)　録音：1966年5月9～11日

〈A列車で行こう〉〈ソフィスティケイテッド・レディ〉〈ムード・インディゴ〉など、古くからのエリントン・オーケストラの代表曲11曲を、ステレオ録音で再演したアルバム。メンバー、演奏、楽曲いずれも最高の１枚。

---

### デューク・エリントン『アット・ニューポート1956』 1956年　Columbia

1956年7月、7000人を前にしたニューポート・ジャズ・フェスでの演奏。ポール・ゴンザルヴェス（ts）の長いソロで盛り上がる観客の熱狂が伝わってきます。

### デューク・エリントン『マネー・ジャングル』 1957年　United Artists

チャールズ・ミンガス（b）とマックス・ローチ（ds）によるトリオ編成で、エリントンの個性的で力強いピアノ・プレイをたっぷりと楽しめます。

ナー・サックス）の存在も注目の的となります。43年にカーネギー・ホール出演を果たすと、30センチLPの開発もあって、コンサート活動や組曲の創作にも力が入りました。そんな技術発展の味方も得て、そのまま12分を超える退屈な演奏という先の酷評への、有効な回答ともしていました。

50年代末にもある評論家が彼の音楽を蹂躙します。「近年、秀作以上のものが見られない。特に過去作の再演が過去の栄光を踏みにじっている」と。66年に発表した再演集『ザ・ポピュラー・デューク・エリントン』は、果たして先の一文に対する答えだったのか、同年のベスト盤にノミネートされ、彼にとっての代表作ともなりました。60年代のジョン・コルトレーンたち進歩派との共演も、彼のスケールの大きさを物語っています。

その発言はいつも詩的で、本質を穿《うが》っています。「世の中には2種類の音楽しかない。良い音楽とそうでない音楽だ」。ほかにも「ジャズとは鼓膜に自由気ままな空想を楽しませる心地よい振動。それは聴く者の想像力の中にある」。自伝の最後にはこう書かれています。「私の中には女王がいて、美しく、優しく、無数の分岐した迷路に迷わせてもくれる。音楽こそわが女王」と。

## デューク・エリントン関連ミュージシャン

バンドリーダー　バンドメンバー　グループ　**共演者**　関係者

### エリントニアン

デューク・エリントン・オーケストラのメンバーは長期間在籍したミュージシャンが多く、というより固定メンバーで編成する形をとっており、それらのメンバーは「エリントニアン」と呼ばれました。アレンジも、そのミュージシャンを想定して書かれており、楽譜にはパート名ではなく人名が記されていたと伝えられています。エリントン・サウンドは、エリントニアンの「個性」もその一部なのです。

**おもなエリントニアン**

▶トランペット
クーティ・ウィリアムス　Cootie Williams
キャット・アンダーソン　Cat Anderson
レイ・ナンス　Ray Nance

▶アルト・サックス
ラッセル・プロコープ　Russell Procope
ジョニー・ホッジス　Johnny Hodges

▶テナー・サックス
ポール・ゴンザルヴェス　Paul Gonsalves

▶バリトン・サックス
ハリー・カーネイ　Harry Carney

▶トロンボーン
ローレンス・ブラウン　Lawrence Brown
トリッキー・サム・ナントン
"Tricky Sam" Nanton
ファン・ティゾール　Juan Tizol

▶ベース
ジミー・ブラントン　Jimmy Blanton
ウェンデル・マーシャル　Wendell Marshall

▶ドラムス
ソニー・グリア　Sonny Greer
サム・ウッドヤード　Sam Woodyard

### ビリー・ストレイホーン

Billy Strayhorn（p, composer, arr）　1915 ～ 1967

ストレイホーンは、1939年からその死去までエリントンと作曲、編曲の共同作業を行ないました。バンドのテーマ曲「A列車で行こう」をはじめ、「チェルシー・ブリッジ」「ラッシュ・ライフ」「U.M.M.G.」など多くの名曲はストレイホーンの作曲。エリントンは彼の死去直後にトリビュート・アルバムを録音しました。

デューク・エリントン
『ビリー・ストレイホーンに捧ぐ』
1967年　RCA

### エラ・フィッツジェラルド

Ella Fitzgerald（vo）　1917 ～ 1996

エリントン楽団には初期の頃から専属ヴォーカリストがいましたが、共演者としてフィーチャーされたのはエラだけといってもいいでしょう。彼女はエリントンと何枚もの共演アルバムを作りました。『エリントン・ソングブック』は「歌で聴くエリントン名曲集」。ビリー・ストレイホーンはエラのために組曲まで書きました。

エラ・フィッツジェラルド
『デューク・エリントン・ソングブック』
1957年　Verve

TRIVIA

### スティーヴィー・ワンダーのデューク愛

スティーヴィー・ワンダーが1976年発表した『キー・オブ・ライフ』に収録されている〈愛するデューク（Sir Duke）〉の歌詞の大意は、「音楽は人生に欠かせない。時が経っても先駆者たちを忘れることはできない。（カウント・）ベイシー、（グレン・）ミラー、サッチモ、そしてすべての王、サー・デューク」というもの。スティーヴィーにとってデュークはジャズ、そして良い音楽の象徴なのです。

## 03 チャーリー・パーカー

### "ビバップ"でジャズを変えた音楽冒険の人生

その人生はきっと、冒険心と高揚感と奔放さに満ちた、じつに楽しいものだったに違いありません。アルト・サックスの音が奏でる、歓喜に溢れ、すさまじいまでのスピードで起伏するあの音列を聴けば、それが苦悩の底から絞り出された悲しみの音だとは、とても思えないからです。ましてや友人から金をまきあげ、女をたぶらかし、身内にも冷酷な所業を行ない、薬物をキメたあとで大胆に遅刻をしてきて、周囲を翻弄したあとに演奏された音だとは、誰も気がつくわけがありません。

1920年にカンザス州カンザス・シティで生まれたパーカーは、ダンサーだった父親の出奔により母親と異母兄の3人で暮らしだし、小学5年時に母から中古のアルト・サックスを買い与えられます。ただどうにも気が乗らず、学生中心のダンス・バンドに参加するまで楽器へ真剣に取り組むことはしませんでした。15歳でプロ活動を始めてからも同僚に軽蔑されるほど演奏技術は低く、翌年、参加したタレント・コンテストで人生を変えられる出来事を体験します。何もできないパーカーにドラマーがシンバルを投げつけ、無言のまま退場を言い渡すのです。屈辱の中で山岳地に身を隠し、懸命に練習し、驚くべき成長をとげて戻ってきます。いえきっとそこで、導きの天使に会ってきたのでしょう。

カンザス・シティに戻った彼はジェイ・マクシャン、ローレンス・キース、ハーラン・レナードら一流楽団を渡り歩き、本場ニューヨークへ出て新しいジャズを発信する聖地「アップタウン・ハウス」で、さらに磨きをかけます。ニューヨーク進出を狙っていたマクシャンの楽団に再加入し、地元ボールルームで演奏していた時、ある重要な人物との出会いを果たしました。ディジー・ガレスピー（トランペット）です。ジャズが急速に進化していた時代、その速度に追いつける極めて稀なふたりが、おぼろながらも（天使の導く）同じ新天地へ向けて走りはじめた瞬間でした。

再びニューヨークに居を構えると、アップタウン・ハウスと対をなす「ミントンズ・プレイハウス」に出入りしながら、

Photo by William P. Gottlieb/Ira and Leonore S. Gershwin Fund Collection, Music Division, Library of Congress.

1947年、ニューヨークのジャズクラブ「スリー・デューセズ」にて。トランペットはマイルス・デイヴィス。

**1920年　8月29日**
カンザス州カンザス・シティで誕生
**1935年**
ハイスクールを退学、プロ活動開始
**1938年**
ジェイ・マクシャンのバンドに加入
**1940年**
カンザスでディジー・ガレスピーと出会う
**1941年**
マクシャン楽団で初レコーディング
**1942年**
ニューヨークに移り、アール・ハインズ楽団に参加（テナー・サックスを担当）
**1944年**
ビリー・エクスタイン楽団に参加
**1945年**
サヴォイ・レコードに初リーダー作録音
**1946年**
ジャム・セッション興行「ジャズ・アット・ザ・フィルハーモニック（J.A.T.P.）」に参加
**1947年**
ガレスピーのカーネギー・ホール公演に出演
**1949年**
初のヨーロッパ公演。『ウィズ・ストリングス』録音
**1950年**
北欧へツアー
**1955年　3月12日**
パノニカ・ロスチャイルド男爵夫人の部屋で死去

## まずはこの作品から

### 『チャーリー・パーカー・オン・サヴォイ～マスター・テイクス』 Savoy

演奏：チャーリー・パーカー（as）、マイルス・デイヴィス（tp）、ディジー・ガレスピー（tp）、サディク・ハキム（p）、バド・パウエル（p）、クライド・ハート（p）、タイニー・グライムス（g ,vo）、トミー・ポッター（b）、カーリー・ラッセル（b）、ハロルド・ウエスト（ds）、マックス・ローチ（ds）ほか　録音：1944～48年

**初リーダー録音を含むサヴォイ・レコード音源のベスト・テイク総集編CD（オリジナルはSPシングル盤）。1945年セッションの〈ココ〉では、超高速テンポですさまじいアドリブが炸裂。これが“ビバップ”。ジャズの時代を変えた1曲です。**

### 『ザ・コンプリート・チャーリー・パーカー・ウィズ・ストリングス』 1949～52年 Verve

**ここではアドリブは最小限にとどめ、小編成の弦楽をバックに、メロディを朗々と歌い上げげます。ゆったりと「歌」を吹いても唯一無二の個性を発揮しています。**

### チャーリー・パーカー『フィエスタ』 1951～52年 Verve

**ふたりのラテン・パーカッション奏者を迎えたセッション。楽天的で陽気な演奏もまたパーカーの顔なのです。“ビバップ”もどんどん変化していきました。**

44年に重要な録音を残します。新しい文法をビッグバンドに取り入れようと模索するビリー・エクスタイン楽団の録音と、自身のコンボでの初録音。翌年にはガレスピーをリーダーとした共演盤も収録しました。発表されたこれら一連のレコードが〝ビバップ〟あるいは〝モダン・ジャズ〟の到来を告げます。そしてガレスピーとともに、シーンの先鋭的アイコンに祭り上げられていったのです。その後もこの文法をストリングス、ビッグバンド、ラテン、コーラスにまで適応させていきました。

バプティスト教会の仮装行事で鳥に扮したことや、クルマに轢き殺された鶏を拾ってくる逸話、好物だったチキンへの執着から、「バード（またはヤードバード）」のあだ名がつきました。その生態は謎に包まれていて、馬のように食べ、魚のように飲み、兎のように絶倫で、あらゆることに興味を示し、ジョークに大笑いしました。そしてアルコールと薬物の大量摂取が、心身の不安定をもたらしていくのです。誰よりも性急に人生を駆け抜けてみせますが、思いのほかその一生は幸せだったのではないでしょうか。冒険と高揚と奔放に満ちていて、すさまじいスピードで起伏するあの音列を聴けば、誰もがそう思えるはずです。

## チャーリー・パーカー関連ミュージシャン

バンドリーダー　バンドメンバー　グループ　**共演者**　関係者

### ジェイ・マクシャン

Jay McShann（p）　1916～2006

カンザスシティで若きパーカーの才能を見出し、自身のビッグバンドに招いたのがマクシャン。パーカーの本格活動はそこから始まりました。

ジェイ・マクシャン『ブルース・フロム・カンザスシティ』1941年　Decca

### マイルス・デイヴィス

Miles Davis（tp）　1926～1991

マイルスはセントルイス時代に「ニューヨークに来たら顔を出せ」とパーカーに声をかけられたことがニューヨーク進出のきっかけでした。そのひとことがジャズの歴史を変えたのです。

### バド・パウエル

Bud Powell（p）　1924～1966

ビバップをピアノで実践、拡大したのがバド・パウエル。彼のスタイルはジャズ・ピアノのひとつの基本形となり、多くのフォロワーを生みました。

チャーリー・パーカー『ジャズ・アット・マッセイ・ホール』1953年　Debut

### ノーマン・グランツ

Norman Granz（producer）　1918～2001

ヴァーヴ・レコードのプロデューサー、コンサート・プロモーターのグランツは、心身不安定なパーカーを物心両面でサポート。また、自身が主催するJ.A.T.P.（ジャム・セッション興行）への参加をはじめ、ウィズ・ストリングスやラテン音楽の導入など、パーカーのポスト・ビバップへの試みを積極的にバックアップしました。

チャーリー・パーカーほか『ノーマン・グランツ・ジャム・セッション』1952年　Verve

### ディジー・ガレスピー

Dizzy Gillespie（tp）　1917～1993

パーカーとともにビバップを発展させた立役者。ビバップという言葉は、ガレスピーがその特徴ある音律を伝えるために使った擬音が語源ともいわれています。タウンホールの共演はコンビの最強の記録。パーカーとの活動のほか、ラテン音楽を取り入れたビッグバンド結成など、ビバップをベースにジャズを拡大させました。

ディジー・ガレスピー、チャーリー・パーカー『タウンホール、ニューヨーク June 22, 1945』1945年　Uptown

TRIVIA

### パーカーがサルトルと交わした言葉

チャーリー・パーカーは1949年にパリで行なわれたインターナショナル・ジャズ・フェスに出演。現地では大歓迎を受け、多くの著名人とも会いました。中でも意外なのは、作家のシモーヌ・ド・ボーヴォワールに紹介されて、哲学者ジャン＝ポール・サルトルに会ったこと。パーカーのあいさつは「お会いできて嬉しいです、ミスター・サルトル。あなたの演奏が大好きです」。ジョーク、ですよね……。

参考文献：『バード チャーリー・パーカーの人生と音楽』（チャック・ヘディックス著・川嶋文丸訳／シンコーミュージックエンタテイメント）

04

# セロニアス・モンク

## いくら踏み外しても本質は外さない、孤高のピアニスト

古いストライド・ピアノの痕跡を残しながら、おどけるようにアクセントをはずし、心配になるほどミスタッチを増産し、ノイローゼ気味にフレイズを動悸させます。どこか投げやりで、不安定にしてユーモラスだけれど、密やかで魅惑的な、懐かしみある風景がそのピアノからは聳立《しょうりつ》してきます。〝孤高のピアニスト〟とは語られますが、演奏中に立ち上がり上体を揺すりながら踊りだす姿は、いたいけな幼子のようでもありました。

ノースカロライナ州ロッキーマウントで生まれ、4歳でニューヨークへ移り住み、11歳からピアノを習いはじめます。中学生の時にアポロ劇場のアマチュア・コンテストで優勝した経歴から、よほど音楽的に早熟だったようにみえます。17歳でプロになると福音伝道隊に加わってアメリカを見聞し、52丁目のクラブ「ミントンズ・プレイハウス」の専属ピアニストに落ち着きました。1941年にここでチャーリー・クリスチャン（ギター）と共演したとされる先駆的録音が残っていますが、本人はそのことを否定しています。ただ同所でディジー・ガレスピーやチャーリー・パーカーたちと共演した経験は、その評価を一気に引き上げるものとなりました。

47年から5年かけてブルーノート・レーベルに彼の演奏が記録されますが、その作曲と演奏における個性は、すでに完成域にありました。ハーモニーは古いジャズ理論に忠実で、ラグタイムに似たリズムに支配させながら、上へ乗せる旋律は独特なオフビート感覚をしています。単純な動きにみせて、和声との相対性でユニークに聴かせるマジックは、彼が本能的に持つ閃きの産物だと言えます。これほどオリジナル曲にこだわったジャズメンも少ないでしょうが、彼の演奏をもっとも輝かせられる素材が彼自身の作品であることは誰も否定ができません。

彼の奇行を示す、いくつかのエピソードから生涯を追ってみます。54年のクリスマス・イヴにマイルス・デイヴィスと録音しました。これは一般に〝喧嘩セッション〟と呼ばれていて、実際トランペット・ソロになるとモンクは一切ピアノ

Photo by William P. Gottlieb/Ira and Leonore S. Gershwin Fund Collection, Music Division, Library of Congress.

1947年、ニューヨークのジャズクラブ「ミントンズ・プレイハウス」にて。

**1917年 10月10日**
ノースカロライナ州ロッキーマウントで誕生

**1930年代後半**
ジャズ・ピアニストとして活動を開始

**1941年**
「ミントンズ・プレイハウス」専属ピアニストになる

**1944年**
コールマン・ホーキンスのバンドで初レコーディング

**1946年**
ディジー・ガレスピー・オーケストラに参加

**1947年**
ブルーノート・レコードに初リーダー録音

**1954年**
マイルス・デイヴィスのレコーディングに参加（『バグス・グルーヴ』ほか）

**1957年**
「ファイヴ・スポット」に出演（ジョン・コルトレーン含む）

**1958年**
チャーリー・ラウズがバンドに参加

**1962年**
メジャー・レコード会社、コロンビアに移籍

**1964年**
『タイム』誌の表紙になる

**1976年**
「カーネギー・ホール」でコンサート。それ以降、演奏活動停止

**1982年 2月17日**
ニュージャージー州イングルウッドで脳梗塞により死去

## まずはこの作品から

### セロニアス・モンク『モンクス・ミュージック』 Riverside

演奏：セロニアス・モンク (p)、レイ・コープランド (tp)、ジジ・グライス (as)、ジョン・コルトレーン (ts)、コールマン・ホーキンス (ts)、ウィルバー・ウェア (b)、アート・ブレイキー (ds)
録音：1957年6月26日

**４人の管楽器奏者をフィーチャーした、自作曲集（賛美歌１曲を除く）。〈ウェル・ユー・ニードント〉の演奏中に、寝ていたコルトレーンを起こすため（?）「コルトレーン、コルトレーン！」とモンクが叫んで演奏が混乱しますが、それすらモンクの音楽の一部なのです（よくぞ収録してくれた）。**

---

### セロニアス・モンク『セロニアス・ヒムセルフ』 1957年 Riverside

**ソロ・ピアノで演奏されるモンク・ワールド。CDには〈ラウンド・ミッドナイト〉完成までに20分以上逡巡する録音過程がそのまま記録されています。**

### 『セロニアス・モンク・イン・トーキョー』 1963年 Columbia

**チャーリー・ラウズ (ts) らレギュラー・カルテットによる東京ライヴ録音盤。長年の活動があるためコンビネーションは抜群。代表曲がずらりと並びます。**

を弾いておらず、これはナイーヴなリーダーの求心性と調性を破壊しにかかるピアノの遠心性が、ただ馴染まなかっただけで、喧嘩のせいではなかったようです。

別のピアニストをかばい演奏証明書を没収された彼は、同54年から57年にかけて、ライヴ活動を休止し一気に5枚もの代表作を生み落とします。そして証明書が戻ってきた57年に、ジョン・コルトレーンとの〝奇跡のファイヴ・スポット・セッション〟を展開しました。その時の録音が今も発表に至っていないのは残念でなりません。

58年にチャーリー・ラウズ（テナー・サックス）と出会い、初めて自分の音を自由に追求できる、安定したワーキング・バンドを持つことになります。他のメンバーは去来をくり返しましたが、その音楽の意図を汲みとり、バンド存続に尽力したラウズだけは、モンクが精神的不安定と体調を理由についにシーンから引退するその際まで、献身的にその創作活動を支え続けました。

ジャズの本質からは逸脱せず、でも既成の枠組みをわざと踏みはずし、それを飛び越えようとする試みに彼の音楽の面白さがあります。セオリーなど知らずとも、いつの間にか入り込んでいる魔術が彼の音楽にはあるのです。

## セロニアス・モンク関連ミュージシャン

バンドリーダー　バンドメンバー　グループ　**共演者**　関係者

### マイルス・デイヴィス

Miles Davis（tp）　1926 ～ 1991

これが伝説の「喧嘩セッション」。モンクはマイルスのソロのバックではピアノを弾いていません。この緊張感もまたジャズの面白いところ。

『マイルス・デイヴィス・アンド・ザ・モダン・ジャズ・ジャイアンツ』1954年　Prestige

### チャーリー・ラウズ

Charlie Rouse（ts）　1924 ～ 1988

ラウズは1959年から70年までモンクのグループに所属し、モンクの音楽表現に多大な貢献を果たしました。ソロ・プレイヤーとしても40年代から活躍する腕利きです。

### チャーリー・パーカー

Charlie Parker（as）　1920 ～ 1955

1940年代初頭に共演を重ねたモンクとパーカーの初公式共演録音。しかしモンクはパーカーとは明確に違うスタイルを持っているのがわかります。

チャーリー・パーカー
『バード・アンド・ディズ』1950年　Verve

### アルフレッド・ライオン

Alfred Lion（producer）　1908 ～ 1987

ライオンはブルーノート・レコードの創設プロデューサー。いち早くモンクの才能を認め、初リーダー・アルバムを制作しました。その慧眼は歴史が証明しました。確固たるスタイルがすでにあり、〈ラウンド・アバウト・ミッドナイト〉〈ミステリオーソ〉などモンクの代表的オリジナルの多くがすでにここで発表されています。

セロニアス・モンク
『ジニアス・オブ・モダン・ミュージック Vol.1』
1947年～ 1948年
Blue Note

### ジョン・コルトレーン

John Coltrane（ss, ts）　1926 ～ 1967

コルトレーンはモンクのバンドで多くのことを学び、その後マイルスに呼び戻されました。モンクのバンドではファイヴ・スポットのほか、カーネギー・ホールにも出演。そのテープは残されていないと思われていましたが、実は米国議会図書館に保管されており、2005年に「発見」されて発表に至りました。

セロニアス・モンク・カルテット・ウィズ・ジョン・コルトレーン
『ライヴ・アット・カーネギー・ホール 1957』
1957年　Blue Note

**TRIVIA**

### モンクが愛した「日本の唱歌」とは？

モンクの『ストレート・ノー・チェイサー』(Columbia) には、〈ジャパニーズ・フォーク・ソング〉という曲が収録されています。これは実は〈荒城の月〉。なぜモンクが日本の唱歌を？　これは日本公演のお土産にもらったオルゴールの音楽だったのです。モンクはとても気に入り、帰りの飛行機でずっと聴いていたそうです。なお、現在のCDにはちゃんと曲名がクレジットされています。

05

# マイルス・デイヴィス

## 演奏した音楽が〝ジャズ〟になる、偉大なる革命家

彼のことを、多くは〝ジャズの帝王〟と呼びます。鋭い眼光をして、紋切り型の言葉を吐き、常に尊大な態度で周囲を思いどおりに従わせた。そのイメージがこう呼ばせているのかも知れません。また彼が生前に起こした革命の数々は、ジャンルの壁を超え、音楽界の隅々に行きわたりました。たしかにその人生は〝帝王〟の名に相応しい事象に塗り固められています。

1926年、イリノイ州アルトンで暮らす裕福な歯科医の父親のもと、長男(姉と弟がいた)として誕生します。すぐにセントルイスへ引っ越しますが、13歳の誕生日プレゼントに父から与えられたトランペットが、彼にとっての生涯にわたる相棒となり、また紹介されたトランペット教師のアドヴァイスがのちの個性を形づくるヒントとなりました。「ヴィブラートがない、ピッチの良いクリーン・トーンで、速く、軽やかに」……。やたら音数が多かった当時主流の特徴的演奏に抗い、楽器の正確なコントロールと音符の有効な節約法によって深く情感を表現する、稀なるモダン・プレイヤーに育っていくのです。

高校在学中、千載一遇のチャンスが訪れます。ツアーでセントルイスに来ていたビリー・エクスタイン楽団への飛び入りが叶い、同バンドに在籍するチャーリー・パーカーとディジー・ガレスピーとの共演が果たされるのです。高校を卒業すると名門ジュリアード音楽院で学ぶという名目でニューヨークにアパートを借り、夜な夜な飛ぶ鳥落とす勢いのパーカーを探して52丁目界隈を歩きました。そして探し当てた師といきなりの同居がはじまり、彼のビバップ・バンドに加えてもらい、あらゆるジャズ的作法を教わります……金銭的な見返りのもとで。

その翌年の45年に初レコーディングを経験し、すぐにパーカーのビバップ・セッションにも参加し録音しました。19歳になったばかりでアイドル、パーカーとの魅力的共演を実現させ、生命力を得て大胆に跳躍するパーカー唱えるところの

Photo by Gai Terrell/Redferns/Getty Images

1960年代のステージ。

1926年 5月26日
イリノイ州アルトンで誕生
1944年
ジュリアード音楽院入学。ニューヨークへ
1945年
チャーリー・パーカー・クインテットに参加
1947年
初リーダー作録音
1949年
パリ国際ジャズ・フェスに出演
1955年
マイルス・デイヴィス・クインテット結成
1961年
カーネギー・ホールでリサイタル開催
1963年
バンドにハービー・ハンコックが加入
1969年
『ビッチェズ・ブリュー』録音
1970年
グループにキース・ジャレット加入
1975年
9月、演奏活動を停止
1981年
活動を再開
1990年
グラミー賞「特別功労賞」受賞
1991年
フランスの最高勲章「レジオンドヌール勲章」受章。
同年 9月28日
カリフォルニア州サンタモニカで死去

〝ビバップ〟を自身も身上として、シーンから注目を浴びていくのです。

優れたミュージシャンは名演を残すだけでなく、新たな表現法を発見し、次への新しい活路を拓いてみせます。ただ、たいていはその一度きり。マイルスの場合、どんなジャンルのアーティストとも次元が異なっていて、長期にわたる連続的創作活動を一生を捧げて遂行していくのです。40年代終わりには9人編成によるクールな室内楽ジャズを完成域にまで高め、主に西海岸のプレイヤーたちに多大な影響を及ぼしました。一時は麻薬に心身をおかされますが、この悪魔ときっぱり絶縁したあとでなした創作物の数々は、どれも目を見張るものがあります。

54年に復活を遂げると、斬新な語句を用いたブルージーなアプローチの〝ハード・バップ〟を完成させるべく励み、一方でミュージカルなど既存歌曲をモダン化以降のジャズに適応させた「スタンダード」の概念を定着させます。この動きはいわばコンボ演奏の見本を示す初動となっただけでなく、その後のジャズ黄金時代の扉を開くエポック的事象ともなりました。

57年からは、ジャズの域を超えて未踏のサウンドを模索し合うギル・エヴァンスのオーケストラと組み、アンサンブルとソロ、作曲と即興の、絶妙なバランスによる壮大な物語を編纂。〝モード〟の導入は音楽概念を刷新しただけでなく、その清廉さに多くが驚愕し、甘美なこの音の海に心酔するに至ります。これで大きな評価を得ておきながらその手法を惜しげもなく捨て去り、また新たな創作期へ突入していくのです。

60年代後半。唇の状態も好調で、吹奏コントロールも冴えわたったこの時期、テンポを残しながら進行感のない抽象的表現音楽の領域へと歩を進めます。構造も西欧的なものから非西欧的なものへ移行させ、コードや音階を超越する抑揚に頼った演奏……ループの中のヴァリエーションを軸に、ストリートにあるブラック・ミュージックの要素を取り入れたり、無国籍音楽の極北へと向かっていきました。

演奏方針を共演者に強要することはなく、むしろ彼らに熟考させ、自由に演奏させました。その産物を否定することも、けっしてしなかったと聞きます。名だたるアーティストから敬愛され、磁石のように人を惹き寄せ、そのオーラをして最

上:1969年、ロンドンのジャズクラブ「ロニー・スコッツ」にて。エレクトリック・ピアノはチック・コリア、ベースはデイヴ・ホランド。
Photo by David Redfern/Redferns/Getty Images

右:1986年、ロンドンでのステージ。
Photo by Michael Putland/Getty Images

## まずはこの作品から

### マイルス・デイヴィス『カインド・オブ・ブルー』Columbia

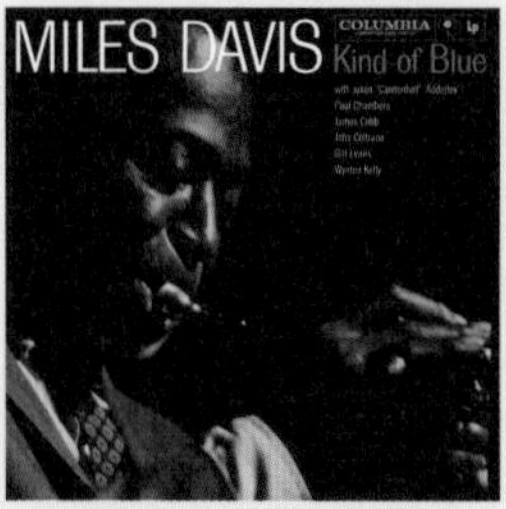


演奏：マイルス・デイヴィス（tp）、キャノンボール・アダレイ（as）、ジョン・コルトレーン（ts）、ビル・エヴァンス（p）、ウィントン・ケリー（p）、ポール・チェンバース（b）、ジミー・コブ（ds）
録音：1959年3月2日、4月22日

**「アコースティック・マイルス」の代表作。"モード・ジャズ"の端緒となった作品ですが、鑑賞する上で音楽知識はまったく関係ありません。だれもが「感じられる」から。じつにクール。"ビバップ"や"ハード・バップ"が発散する熱狂の対極にある内面の熱さに、ドキドキするほどの緊張が走ります。**

### マイルス・デイヴィス『ビッチェズ・ブリュー』Columbia

演奏：マイルス・デイヴィス（tp）、ウェイン・ショーター（ss）、ベニー・モウピン（bcl）、ジョン・マクラフリン（g）、ジョー・ザヴィヌル（kb）、チック・コリア（kb）、ラリー・ヤング（kb）、デイヴ・ホランド（b）、ハーヴェイ・ブルックス（b）、レニー・ホワイト（ds）、ジャック・ディジョネット（ds）、ドン・アライアス（ds, per）、ジム・ライリー（per）　録音：1969年8月19日～21日

**「エレクトリック・マイルス」の代表作。ひとことで言うとロックとファンクをジャズに導入したというサウンドですが、でき上がったのは従来のロックでもファンクでもジャズでもありません。曲の断片ごとに録音され、最後に切り貼りして作られた、感動と興奮も計算された「シナリオのあるジャズ」。**

高のプレイを引き出すのです。そうなると冒頭の〝帝王〟のイメージは転覆し、あくまで自己解放を促す誘発剤となって、能力以上のものを自己抽出させました。それが〝わが王〟として、広くから尊崇の念を集める理由となったのではないでしょうか。

75年に、エレクトリック・サウンドを用いた集団即興／集団構築のアイディアは頂点に達しますが、長く患った滑液包炎の悪化で長い休養の時期に入ります。

81年の復帰後も、やはり同じくマイルスらしさは連続しました。ただ完全なゼロからの創作というより、ポップスやロック、ミネアポリス・ファンクやゴーゴー・ミュージック、エレクトロやヒップホップなど参照すべき音楽種を持ちました。

そして精力的に自らのバンドでコンサート・ツアーに打って出た91年のロサンゼルス公演後に倒れ、ひと月後の9月28日にこの偉大なる革命家は天に召されました。

## マイルス・デイヴィス関連ミュージシャン

バンドリーダー　バンドメンバー　グループ　**共演者**　関係者

### キース・ジャレット

Keith Jarrett（p, kb）　1945～

今では「アコースティック・ピアノのキース」ですが、マイルス・グループ在籍時はオルガンで強烈なフリー・ソロをぶちかましていました。

『マイルス・デイヴィス・アット・フィルモア』
1970年　Columbia

### チャーリー・パーカー

Charlie Parker（as）　1920～1955

振り返れば、マイルスがバンド・メンバーとして仕えていたのはパーカーだけ。ニューヨークへ出てきたばかりの駆け出しなので当然ですが、そこでジャズのなんたるかを学んだのです。

### ギル・エヴァンス

Gil Evans（arr）　1912～1988

ギルはマイルスの『クールの誕生』『スケッチ・オブ・スペイン』などでオーケストラ・アレンジを担当。晩年まで常に協調関係にありました。

マイルス・デイヴィス『スケッチ・オブ・スペイン』1957年　Columbia

### ジョン・マクラフリン

John McLaughlin（g）　1942～

「マイルスのロック」の象徴はマクラフリンのギター。ジャズでは「ご法度」だったチョーキングなど、ロック技全開。『ビッチェズ～』には〈ジョン・マクラフリン〉という曲があるほど。

### テオ・マセロ

Teo Macero（producer）　1925～2008

コロンビア・レコードのプロデューサー。1950年代末からマイルスの制作を担当し、60年代後半からのエレクトリック時代は「切り貼り編集」でマイルスの「作品」に貢献しました。

### マーカス・ミラー

Marcus Miller（b）　1959～

ミラーはスタジオ・ミュージシャンとして活動後、1981年にマイルスの活動再開バンドに抜擢されました。当時22歳。その後バンドから離れますが、86年の『TUTU』にプロデューサーとして参加。また映画『シエスタ』のサウンドトラックを共作するなど、復帰後のマイルスの活動に大きく貢献しました。

マイルス・デイヴィス『TUTU』
1986年　Warner Bros.

**TRIVIA**

### あのド派手ファッションは日本人デザイナー

1981年復帰後のマイルスは以前にも増して派手なファッションに身を包んでいました。復帰当初はイッセイミヤケ、その後は佐藤孝信《こうしん》デザインの「アーストンボラージュ」がお気に入り（95ページ下段写真）。マイルスは87年にはニューヨークで開催された同ブランドのショーにモデルとして出演もしました。ちなみに、このブランドは同時期に「少年隊」が愛用していたことでも知られます。

# 06 ビル・エヴァンス

## 新機軸〝インタープレイ〟をジャズの当たり前にした改革者

彼のピアノ・トリオが奏でるサウンドは、こなれた調剤師によって調香されたオードトワレのよう。これほど慈愛に満ちた香りは、50年代当時はほかにありませんでした。ピアノが奏でるトップ・ノートのヒロインは、初めは遠慮がちに顔を出し、いつの間にか流麗で躍動感に満ちた芳香を広げていきます。ベースが成すミドル・ノートは清楚なライラックの香りで辺りをパステル色に染め、同時にトップと複雑に交わりながら連携し変化をもたらします。これらをホワイトムスクとバニラの人肌めいたリズムが、全体を優しく包んでフィニッシュするのです。

音楽に理解ある両親のもと、ニュージャージー州プレインフィールドで誕生します。6歳でピアノを学び、10歳でモーツァルトのソナタを弾きこなし、12歳の時にジャズの編曲やアドリブの手法を身につけます。兄のハリーとバンドを組んでジャズ・ピアノの洗礼を受け、大学を出て兵役を終えるとニューヨークでのプロ活動に没入していきました。ラヴェルやトリスターノの影響を受けた印象主義的ハーモニーを扱うとして評価を高めると、先鋭的理論派ジョージ・ラッセル（作曲家）のレコーディングに誘われ、マンデル・ロウ（ギター）やジェリー・ウォルド（クラリネット、バンドリーダー）、トニー・スコット（クラリネット）との共演でも注目を浴びます。自身の初リーダー作を吹き込んだ直後、わずかの期間ながらマイルス・デイヴィスのバンドに、白人としては唯一のピアニストとして加入しました。

自分が何をやりたいのか、おぼろげながらそれを完成させるため自らマイルス・バンドを離れたといいます。ただ核心は掴めず、そんな中、一度だけマイルスに熱望されバンドに復帰します。その『カインド・オブ・ブルー』の録音体験で大きなものを学んだ彼は、先に見えた光源へ向けて駆けだしていました。相棒はベースのスコット・ラファロとドラムのポール・モチアン。ピアノが主役で他は脇役というそれまでの関係性を、相互理解で深い陶酔を誘う、妙なる対話の場へと変革してみせたのでした。

1965年、ロンドンのBBCスタジオにて。 Photo by David Redfern/Redferns/Getty Images

1929年 8月16日
ニュージャージー州プレインフィールドで誕生

1950年
ハービー・フィールズのバンドでプロ活動開始

1955年
ニューヨークに進出

1956年
初リーダー作録音

1958年
マイルス・デイヴィスのバンドに参加（4月から11月）

1961年
トリオのベーシスト、スコット・ラファロが交通事故で死去

1964年
『自己との対話』でグラミー賞受賞

1965年
初のヨーロッパ・ツアー

1966年
トリオのベースにエディ・ゴメスが参加（78年まで）

1971年
コロンビア・レコードに移籍

1973年
初来日公演

1980年 9月15日
肝硬変と出血性潰瘍で死去。9月10日までニューヨークのジャズクラブ「ファット・チューズデイズ」に出演していた

## まずはこの作品から

### ビル・エヴァンス『ワルツ・フォー・デビイ』 Riverside

演奏：ビル・エヴァンス(p)、スコット・ラファロ(b)、ポール・モチアン(ds)
録音：1961年6月25日

**これまでのピアノ・トリオの「ピアノ＋伴奏」という役割分担ではなく、エヴァンスが実践したピアノ、ベース、ドラムスが「３人対等」で演奏するコンセプトは、このあとのピアノ・トリオの定番スタイルになりました。ラファロはこのライヴ録音の11日後に自動車事故で急逝してしまいます。**

---

### 『ザ・ビル・エヴァンス・アルバム』

1971年　Columbia

**エヴァンスはアコースティックだけの人ではありません。ここではエレクトリック・ピアノを併用したトリオの新機軸を聴かせます。全曲オリジナルの意欲作。**

### 『ビル・エヴァンス・トリオ・ウィズ・シンフォニー・オーケストラ』 1965年　Verve

**バッハの〈ヴァルス〉、フォーレの〈パヴァーヌ〉など、クラシックの名曲を題材に、ピアノ・トリオとオーケストラが共演。エヴァンスだからこそできた名企画。**

ラファロの突然の事故死はこたえましたが、その後も最良の相棒を発掘し、それぞれの個性に合わせて濃淡を違え、軸を移動させつつメンバーごとの〝インタープレイ〟（相互作用）を作っていきます。この手法が行きわたり、定着し、平準化してしまうと、ちょっとしたしっぺ返しを食らうことになりました。ロックの台頭が顕著となり、ジャズの前衛派がシーンを凌駕しはじめた60年代後半。「とりわけ独自性はなく、ジャズ特有の反骨精神もない」との酷評が立ったのです。ただある評論家がそれを制し、けっして短くはなかったこの論争に終止符を打ちます。「量的な新しさを追わず、質的に高まりながら、より上手に演奏しているんだ。それが彼らの美しさの理由なのさ、わかるかい？」。

その後も変遷期にはソロ、デュオ、オーケストラなど編成を取り替えたりしながら、それぞれで彼らしい成果をあげてみせました。彼の音楽性やピアノのタッチ、特にトリオによるインタープレイは、そもそもけっして異端ではなかったはずです。てらいも、奇抜さも、彼は自身の音楽に持ち込みませんでした。少しずつの変化がもたらされながら、時代ごとに素晴らしく良質の音楽を提供し、ジャズの自然発生的なグルーヴを楚々と伝え続けたのです。

## ビル・エヴァンス関連ミュージシャン

バンドリーダー　バンドメンバー　グループ　**共演者**　関係者

### エディ・ゴメス

Eddie Gomez（b）　1944～

ゴメスは1966年にトリオに参加。当時21歳の若さでした。在籍は12年にわたり、本人たちが言うように、まさにテレパシーが通じるような間柄。デュオはひとりの右手と左手のよう。しかし、マンネリに陥ることはまったくありませんでした。それはエレクトリック・ピアノも臆さず積極導入するほどの進歩性ゆえ。

ビル・エヴァンス、エディ・ゴメス
『インチュイション』
1974年　Fantasy

### スコット・ラファロ

Scott LaFaro（b）　1936～1961

1959年、ラファロはドラムスのポール・モチアンとともにエヴァンス・トリオの結成に参加しました。当時ラファロはトリオと並行して、オーネット・コールマン（as）とも活動していました。エヴァンスと方向性はまるで違いますが、どちらも当時の最先端。ラファロの活動が続いていれば、ジャズ状況は変わっていたかも。

オーネット・コールマン
『フリー・ジャズ』
1961年　Atlantic

### マーク・ジョンソン

Marc Johnson（b）　1953～

トリオ加入を切望し、1978年にゴメスと代わった若きジョンソン（エヴァンスより24歳年下）とのトリオ（ドラムスはジョー・ラバーベラ）は、エヴァンスもたいへん気に入り、また新たな歴史を作ると期待される新鮮さがありました。しかしエヴァンスの急逝で、活動は２年ほどで終了。その完成形を見ることはありませんでした。

ビル・エヴァンス
『パリ・コンサート』
1979年　Elektra Musician

### ジム・ホール

Jim Hall（g）　1930～2013

トリオでの活動が多かったエヴァンスですが、ホールとはデュオで２作、クインテット１作で共演しています。特にデュオでは緊密なインタープレイを聴かせています。その演奏は、ときに論争し、ときにじっくりと語り合っているかのよう。ジャズは音楽での会話であることが、はっきりと感じられることでしょう。

ビル・エヴァンス＆ジム・ホール
『アンダーカレント』
1962年　United Artists

TRIVIA

### 世界一有名な「デビイ」って誰？

エヴァンスが生涯にわたって愛奏した〈ワルツ・フォー・デビイ〉。このデビイって誰のこと？　この曲は1958年の初リーダー作『ニュー・ジャズ・コンセプションズ』が初出です。エヴァンスは、溺愛していた当時２歳の姪（兄の子）のためにこのワルツを書きました。ちなみに、大人になったデビイは、エヴァンスのドキュメンタリー映画『タイム・リメンバード』でその姿を見ることができます。

## 07

# ジョン・コルトレーン

## 激しさから静けさへジャズに殉教した〝聖者〟

晩年、「私は聖者になりたい」と彼は語りました。遅咲きで、30歳を超えて初リーダー作を出しますが、それからわずか10年後にこの世を去ります。短いこの期間に彼の音楽は急転していき、ついには神の領域にまで近づきました。だからあのような、ジャズマンが発するとは思えない発言が飛び出たのでしょう。

洋服の仕立て屋で音楽好きな父と、ピアノを弾きながらオペラを歌う母との間に、長男として生まれます。１９２６年、ノースカロライナ州ハムレットでのこと。移り住んだハイポイントの教会でアルト・ホルンとクラリネットを任され、ハイスクール時代もクラリネットを吹きながらジョニー・ホッジスを真似てアルト・サックスにも親しみます。兵役を経て、除隊後すぐにプロ活動を開始しますが、編成上やむなく楽器をテナーに転向、48年にはそれでディジー・ガレスピー楽団に加入しました。同バンドで51年、初めてのテナー・ソロを録音します。

ただ同じ時期からドラッグの悪癖がはじまり、約4年間は参加するバンドから次々に解雇を言い渡され、安定しない日々が続きます。そして55年、彼にとって最初のチャンスが舞い込みます。少し前にクラブ・ギグで共演したマイルス・デイヴィスが声をかけてきたのです。身の丈に合わない大抜擢で、当初は不安定な発音と無意味な音の羅列で終始しました。しなやかでヒップな〝ハード・バップ〟の渦中にあって、斬新なフレーズを用いたこの異様な音はしかし、他とのコントラストを生んで妙に新鮮に聴こえたのも確かでした。そして彼は努力の人でした。マイルスは「信じられないほど速く、凄いものになっていった。あまりに凄いために背筋が凍る思いをしたほどだ」と、その成長ぶりを絶賛するのです。

そんなことが彼の人生で、何度も立て続けに起こります。またもドラッグを理由にバンドを解雇されると、次は直前まで演奏証明書を失効していたセロニアス・モンクの、再起をかけた新グループに誘われます。この大先輩とは納得いくまで音のことを語り、アパートに詰めて一日中音を交わし合いました。そして同じ57年9月には、「シーツ・オブ・サウンド」

1962年頃、レコーディング・スタジオにて。 Photo by Michael Ochs Archives/Getty Images

**1926年 9月23日**
ノースカロライナ州ハムレットで誕生

**1945年**
プロ活動を開始。8月に海軍に召集される

**1946年**
8月に除隊し、フィラデルフィアに戻り、グラノフ音楽院に入学

**1947年**
ジミー・ヒースを通じてマイルス・デイヴィスと知り合う

**1949年**
ディジー・ガレスピー・オーケストラに参加（アルト・サックス担当）。

**1955年**
マイルス・デイヴィス・クインテットに参加

**1957年**
マイルス・クインテットを解雇され、セロニアス・モンク・カルテットに加入

**1960年**
自身のカルテットを結成。『マイ・フェイヴァリット・シングス』録音。

**1962年**
マッコイ・タイナー、ジミー・ギャリソン、エルヴィン・ジョーンズとのカルテットが活動開始

**1964年**
『至上の愛』録音

**1966年**
来日公演。15日間で16公演を行なう

**1967年 7月17日**
肝臓がんのため死去

## まずはこの作品から

### ジョン・コルトレーン『至上の愛』 Impulse

演奏：ジョン・コルトレーン（ts）、マッコイ・タイナー（p）、ジミー・ギャリソン（b）、エルヴィン・ジョーンズ（ds）
録音：1964年12月

**原題は『A Love Supreme』。この「愛」は恋愛ではなく、神の愛をテーマにした壮大な世界が広がります。〈承認〉〈決意〉〈追求〉〈賛美〉の４パートからなる組曲で、自らの思想を音楽で表現した「コルトレーン・ミュージック」の代表作。スタイル的にはモダン・ジャズのど真ん中。**

### ジョン・コルトレーン『ジャイアント・ステップス』 1959年 Atlantic

**「演奏技術のコルトレーン」を象徴するアルバム。高速テンポでめまぐるしく展開する表題曲の演奏は、今もサックスの難曲として挑戦の対象です。**

### ジョン・コルトレーン『ライヴ・アット・ザ・ヴィレッジ・ヴァンガード・アゲイン』 1966年 Impulse

**晩年のライヴ盤。コルトレーンは“フリー・ジャズ”にアプローチ。当時は物議を醸しましたが、今の耳で聴くとほんとうに「自由な音楽」と感じられるはず。**

（音で埋め尽くす演奏）「マルチフォニックス」（複数の音を同時に出す）の新奏法を開発し、完成形にまで至らしめます。

真面目で重厚な性格のため鈍さを湛える彼の音楽に対し、不意打ちを食らわしいきなり飛翔するエリック・ドルフィー（アルト・サックス他）の演奏からは、色よい補完を受け音楽的成長を促進されます。ドルフィーを加えたクインテットの陶酔と覚醒の対立路線はそう長く続かず、ドルフィーが去ったあとのクァルテットはどこか精神的な、持続と反復と陶酔をくり返す宗教的境地へと向かっていきます。

音楽文化にも浸透するインド宗教をはじめ、群発するアラブ、イスラム、アフリカ系新興宗教に無秩序に触れながら、その後も彼の音楽は変化しました。常に焦り、苦悩し、懺悔し、どんな短い移動時間でも楽器から口を離しません。その姿は、演奏することのみ心の平静を得られる手段と確信する修行僧のようでした。

50年代に溺れた薬物とはきっぱり決別し、音楽（＝絶対的な神）とともに生きるつもりでいた彼の強い決意が、「聖者になりたい」との発言を促したのではないでしょうか。その一生は、まさにジャズに〝殉教〟した男の物語そのものでした。

## ジョン・コルトレーン関連ミュージシャン

バンドリーダー　バンドメンバー　グループ　**共演者**　関係者

### マッコイ・タイナー

McCoy Tyner（p）　1938 ～ 2020

マッコイは1960年にカルテットに参加。当時22歳。そこではコルトレーンの陰に隠れがちですが、打楽器のような左手、マシンガンのような右手による力強いピアノ・スタイルは革新的なものでした。65年の末にバンドを脱退しますが、その後も折にふれてコルトレーンのトリビュート・アルバムを発表しました。

『マッコイ・タイナー・プレイズ・ジョン・コルトレーン：ライヴ・アット・ザ・ヴィレッジ・ヴァンガード』
1997年　Impulse

### エリック・ドルフィー

Eric Dolphy（as, fl, bcl）　1928 ～ 1964

ドルフィーはチャールズ・ミンガス（b）のバンドを経て1961年にコルトレーンのバンドに参加。アルトのほかバス・クラリネットも縦横に操り、その勢いはときにコルトレーンを霞ませるほど。１年ほどの在籍でしたが、強烈な存在感を示しました。64年病没。遺品のバスクラとフルートはコルトレーンに贈られました。

ジョン・コルトレーン
『コンプリート1961ヴィレッジ・ヴァンガード・レコーディングス』
1961年　Impulse

### ファラオ・サンダース

Pharoah Sanders（ts）　1940 ～ 2022

サンダースは1965年にバンドに加入し、演奏のフリー化に勢いをつけました。ファラオは来日公演にも同行。コルトレーンは「なぜバンドにあなたと同じテナー・サックスを入れたのか？」という質問に「楽器は関係ない。彼自身が素晴らしいから」と答えました。そこには当時のコルトレーンの音楽観がよく表れています。

ジョン・コルトレーン
『ライヴ・イン・ジャパン（完全版）』
1966年　Impulse

### ジミー・ギャリソン

Jimmy Garrison（b）　1933 ～ 1976

1961年にバンドに加入。コルトレーンがフリー・ジャズに方向転換すると、マッコイとエルヴィンは脱退しましたが、ギャリソンはコルトレーンの死去まで活動を共にしました。

### エルヴィン・ジョーンズ

Elvin Jones（ds）　1927 ～ 2004

「黄金のカルテット」は全員が力と技の両方に飛び抜けていたバンドでした。その「力」のエネルギー源がエルヴィン。長時間の演奏でもフルパワーでコルトレーンを鼓舞し続けました。

**TRIVIA**

### 「聖者になりたい」発言の舞台は日本だった

コルトレーンのもっとも有名な言葉「聖者になりたい」。これはどこでの発言かというと、1966年７月９日、東京でのこと。初の（そして最後の）来日公演に際しての共同記者会見で、「10年20年後に、人間としてどのような人になりたいか」という質問に答えたものです。そしてその後には、「絶対に」という念押しが続きます。この解釈には諸説ありますが、コルトレーンの音楽に重なるものが感じられます。

## 08 ウェイン・ショーター

### 壮大な宇宙を想像させる独自の世界を構築

混沌としたその宇宙観を大衆が理解するには、時間を要しました。ブラジル文学のシュールな短編のようで、未知の惑星を探索する東欧のSF映画のようで、しかしどこか優しい南国の風も吹き薫らせます。そんなサックスを活かすべく書かれる曲も、香りは甘く薫らせながら、一般の理解を優に超えてくるのです。

幼少より絵画の腕に長け、出展した油絵が高く評価されます。浮かんだイメージをキャンヴァスに塗りつける行為と同じものを、楽曲とソロの関係にみているのかもしれません。その風景は、子供の頃に親しんだ前衛風空想コミック。15歳の時にジャズに心を惹かれ、翌年にクラリネットを入手、高校を卒業する頃にはテナー・サックスへ転向します。卒業祝いに贈られたピアノで、カテゴリーのない、思い浮かぶままの音を譜面にし、サックスで色づけしていきます。テナーの技術は初めから一流でした。大学で音楽教育の学位を取得し、2年間の兵役を経てウィントン・ケリー（ピアノ）のバンドで初録音を体験。すでにモード概念を用いた楽曲も提供し、それが功を奏して数か月後には自作曲集を録音します。前後して参加するのが、ブームの頂点にあったアート・ブレイキー（ドラムス）のザ・ジャズ・メッセンジャーズでした。バンドのソリストであり音楽監督としての活躍は、ファンキー一辺倒なフリークには少しクール過ぎたようです。ただ簡素なモティーフで解決感を持たないオリジナルな意匠表現は、あの〝帝王〟を動かすことになります。

1962年に一度共演して目をつけていたマイルスは、彼のことを何度もバンドに誘っていました。そして64年の夏、メッセンジャーズを去り、マイルスの許へ駆けつけます。ジャズの需要がレコード産業上で泡沫化するのをみてライヴ活動に身を潜めていたマイルスは、さっそく彼の宇宙的メロディやハーモニーを採用し、音楽構造そのものを大変革して、スタジオ録音を再開します。〝黒魔術的〟と呼ばれる抑制されたインパクトは、〝帝王〟マイルスの美学をも凌駕してしまいました。次に旧知ジョー・ザヴィヌル（キーボード、ピアノ）と、フュージョン時代のアイコンとなる「ウェザー・リ

Photo by Andy Sheppard/Redferns via Getty Images

2013年、ロンドンでのステージ。
ベースはジョン・パティトゥッチ。

**1933年 8月25日**
ニュージャージー州ニューアークで誕生
**1949年**
クラリネット演奏を始める
**1959年**
メイナード・ファーガソン・オーケストラに参加。その後、アート・ブレイキー&ザ・ジャズ・メッセンジャーズに参加し、音楽監督も務める。初リーダー作録音
**1964年**
ザ・ジャズ・メッセンジャーズを脱退し、マイルス・デイヴィス・クインテットに参加
**1970年**
マイルス・バンドを脱退
**1971年**
ジョー・ザヴィヌル、ミロスラフ・ヴィトウスとウェザー・リポート結成
**1975年**
ミルトン・ナシメントをフィーチャーした『ネイティヴ・ダンサー』発表
**1976年**
ハービー・ハンコックのV.S.O.P.クインテットに参加
**1986年**
ウェザー・リポート脱退、解散
**2001年**
ウェイン・ショーター・カルテット結成［ダニーロ・ペレス（p）、ジョン・パティトゥッチ（b）、ブライアン・ブレイド（ds）］
**2014年**
グラミー賞特別功労賞受賞

## まずはこの作品から

### ウェイン・ショーター『ジュジュ』 Blue Note

演奏：ウェイン・ショーター（ts）、マッコイ・タイナー（p）、レジー・ワークマン（b）、エルヴィン・ジョーンズ（ds）
録音：1964年8月3日

**マイルス・デイヴィス・クインテットへ参加の直前、当時のジョン・コルトレーン・カルテットのメンバーをフィーチャーしたワン・ホーン編成。しかしコルトレーン色はなく、全曲オリジナル曲で、曲想もアドリブも独自の世界が展開されています。〈イエス・オア・ノー〉は今やスタンダード。**

### ウェイン・ショーター『ウィズアウト・ア・ネット』 2013年 Blue Note

**2001年結成のカルテットの2011年のツアーを中心にした厳選ライヴ音源集。10年以上同じメンバーで練り上げられてきた自由なサウンドに驚かされます。**

### ウェイン・ショーター『ネイティヴ・ダンサー』 1974年 Columbia

**ブラジルのシンガー・ソングライター、ミルトン・ナシメントとの共演盤。ミルトンの既発名曲も多数再演し、『ビルボード』総合チャートにもランクイン。**

ポート」を結成します。

じつはこうした歴史上の大向こうで、その影響を受けて作られる単独作にこそ彼の真価は発揮されました。諸リーダー作の豊富なアイディアとその完成形は、どれもじつに衝撃的です。メッセンジャーズ参加期の、同時代には珍しい一枚を通じたコンセプト作品群は、一作ごとに目覚ましいまでの飛躍的変容を遂げていきます。マイルス時代のリーダー作では、本家エレクトリックの手法を彼一流の語法でリメイクし、自作自演による未踏の超絶世界をうかがわせてくれました。なぜかソロ作は、ウェザー・リポート時代はミルトン・ナシメントと吹き込んだ一作のみでしたが、これはブラジリアン・フュージョンの傑作と今も讃えられています。

オリジナリティの暗闇だったウェザー・リポートやV.S.O.P.時代から抜け出たあとの諸活動で、彼の本気度は高まりました。幼少よりイメージしてきた巨大都市構想が姿を現わし、誰もが納得の感動作に昇華されるのです。ただ共演者は、曲の全体像を知らされないまま始まり、全体像が見えかかった頃に終わっていると言います。まさに黒魔術にかけられたような気分だったと……。

## ウェイン・ショーター関連ミュージシャン

バンドリーダー　バンドメンバー　グループ　**共演者**　関係者

### マイルス・デイヴィス

Miles Davis（tp）　1926 ～ 1991

マイルスは1964年にショーターをザ・ジャズ・メッセンジャーズから引き抜きます。ショーター参加後マイルスは、ショーター作曲楽曲を多数フィーチャー。ハンコックらとのコンビネーションも最高で、新たなコンセプトのスタジオ録音盤を連発し、数年間のうちにバンドは大きな変貌を遂げました。

マイルス・デイヴィス
『マイルス・スマイルズ』
1967年　Columbia

### アート・ブレイキー

Art Blakey（ds）　1919 ～ 1990

ショーターは1959年にアート・ブレイキー率いるザ・ジャズ・メッセンジャーズに参加しました。音楽監督も務め、作曲編曲にもその才能を発揮。編成も３管に拡大するなど、グループの音楽は飛躍的に進歩拡大し、ショーターは大きな注目を集めました。バンドは61年に来日公演を行ない、熱狂的に迎えられました。

『アート・ブレイキー＆ザ・ジャズ・メッセンジャーズ』
1961年　Impulse

### ジョー・ザヴィヌル

Joe Zawinul（p, kb）　1932 ～ 2007

ショーターはウェザー・リポートの創設メンバーのひとりで、バンド解散直前まで15年間在籍（というか彼の脱退で解散を余儀なくされた）しました。グループ運営の中心はザヴィヌルでしたが、ショーターは〈エレガント・ピープル〉〈パラディアム〉〈サイトシーイング〉など多くの主要楽曲を提供しました。

ウェザー・リポート
『ライヴ&アンリリースド』
1975 ～ 83年　Columbia

### ハービー・ハンコック

Herbie Hancock（p, kb）　1940 ～

ハンコックとはマイルス・バンドのほか、1960年代からお互いの多くのリーダー・アルバムやライヴで共演。しかもエレクトリックからフリーまで。ともにレジェンドとなった2000年代になってもその関係は続いています。お互いを知り尽くしているふたりの演奏は対話のよう。

ハービー・ハンコック＆ウェイン・ショーター
『１＋１（ワン・プラス・ワン）』
1997年　Verve

**TRIVIA**

### 最新作はSF超大作漫画本付き！

ウェイン・ショーターのコミック好き、SF好きは知る人ぞ知るところですが、2018年リリースのCD３枚組の大作『エマノン』（Blue Note）には、ショーター原作（共作）のSFコミック（グラフィックノベル）が付いています。内容は悪の力と戦う「はぐれ哲学者エマノン」の物語。オマケの域をはるかに超えたフルカラー84ページ。ショーターにしか作れない音とヴィジュアルのコラボレーション作品です。

# 09 ハービー・ハンコック

## ファンク、ロック、ヒップホップ……、超ジャンル交流から作られる常に新しいジャズ

これほど広いジャンルからラヴコールを受けるジャズ・ミュージシャンは、ほかにいないでしょう。その要望に応え、各ジャンルで用意されたヒット・チャートの上位に、ことごとくその成果を載せてきました。自由な発想と、豊かなアイディアと、それを試す遊び心と、音楽への愛がこの融和を叶えていったのです。

家族全員がクラシックを嗜む家庭環境で、自身もピアノに親しみ11歳の時にはシカゴ交響楽団とモーツァルトのピアノ協奏曲で共演しました。しかし徐々にリズム・アンド・ブルースに興味は移り、高校ではジャズの魅力にのめり込みます。電子工学系カレッジを卒業すると地元シカゴの郵便局に勤めながらローカル・バンドでプロ活動を開始しました。

1960年、シカゴに来たドナルド・バード（トランペット）のクインテットに穴埋めで参加したところ気に入られ、翌年初頭にはニューヨークに出て同バンドのピアニストの座に収まっていました。バードがブルーノート・レーベルと契約を交わしていたおかげで、62年にはブルーノートで最初のリーダー作を録音します。その評判からレーベルの「ファンキー」「新主流派」セッションのハウス・ピアニストとして起用されるようになります。独特のリズム感やタッチ、斬新な和声は、ジャズの新たな扉を開こうとする野心的ミュージシャンたちからありがたがられたのです。

そして63年には、彼の名を世界的なものにするマイルス・デイヴィス・クインテットへの大抜擢があります。宝石のように美しく、絵画を仕上げる過程をみるようなピアノ演奏に、多くが興奮を覚えました。〝モード〟の中に「コード的進行」をはさみ、「ブルース」のアドリブを〝モード〟解釈で展開させる。そうした和声構造と旋法解釈を浮遊感をもって融合させただけでなく、ビル・エヴァンスから学んだ和声変換までそこへ組み入れました。時系列で変化するハーモニーとメロディの予測不能な絡みでは、経験とセンスが発揮されますが、この部分でハンコックは天才的潜在能力を持ち合わせてもいたのです。

Photo by Craig Lovell/Corbis via Getty Images

2014年、アメリカ、
モントレー・ジャズ・フェスのステージ。

**1940年 4月12日**
イリノイ州シカゴで誕生

**1960年**
ドナルド・バード・クインテットに参加

**1962年**
初リーダー作『テイキン・オフ』録音

**1963年**
マイルス・デイヴィス・クインテットに参加

**1965年**
『処女航海』録音

**1968年**
マイルス・グループを脱退、独立

**1973年**
『ヘッド・ハンターズ』録音

**1976年**
ニューポート・ジャズ・フェスに出演。V.S.O.P.クインテット誕生のきっかけに。

**1977年**
V.S.O.P.クインテットでツアー

**1983年**
『フューチャー・ショック』発表。〈ロックイット〉が大ヒットする

**1986年**
映画『ラウンド・ミッドナイト』の音楽を担当。出演も。アカデミー賞作曲賞受賞。

**2008年**
『リヴァー〜ジョニ・ミッチェルへのオマージュ』がグラミー賞最優秀アルバム賞受賞

**2011年**
ユネスコ親善大使に就任。『イマジン・プロジェクト』がグラミー賞2賞受賞

## まずはこの作品から

### ハービー・ハンコック『エンピリアン・アイルズ』 Blue Note

演奏：ハービー・ハンコック（p）、フレディ・ハバード（tp）、ロン・カーター（b）、トニー・ウィリアムス（ds）
録音：1964年6月17日

**ハンコックとカーター、ウィリアムスは当時のマイルス・デイヴィス・クインテットのリズム・セクションだけあって、鉄壁のコンビネーションを聴かせます。〈カンタロープ・アイランド〉は1990年代にUKのヒップホップ・グループ「US3」がサンプリングして世界的にヒットしました。**

### ハービー・ハンコック『ヘッド・ハンターズ』 1973年　Columbia

**エレクトリック・ファンク路線の端緒にして代表作。1960年代とは別人に聴こえてもおかしくないくらいですが、ソロは変わらずハンコックらしさが炸裂。**

### ハービー・ハンコック『ガーシュウィン・ワールド』 2007年　Verve

**ジョージ・ガーシュウィンの楽曲集。アコースティック・ジャズですが、ジョニ・ミッチェルやスティーヴィー・ワンダーが参加しているところがハービー流。**

マイルスのバンドに鬼才ウェイン・ショーターが加わってからは、さらにミステリアスな緊迫感が表現に加わってきます。その完成間近にきてバンド・サウンドはエレクトリックとロックを同時に導入し、それまで使用したことがないエレクトリック・ピアノに触れることになります。それと時期が重なるように、ショーターの脱退に先んじてこの世界的グループの許を去ることになりました。

エレクトリックを用い動きだしたハンコックは、マイルスの路線を継ぐ「エムワンディシ」、アフロ・アメリカンの血を発散する「ヘッド・ハンターズ」、ヒップホップとの融合を狙う「ロック・イット・バンド」はじめ、いちジャズマンの枠を超えた幅広い表現力を身につけていきます。ジョニ・ミッチェルとの出会いを筆頭に、サンタナ、スティング、ポール・サイモン、ラウル・ミドン、ジョン・メイヤーというジャンルを超えた交流は見逃せず、最新ポップスの分野にまで進出していきました。一方、交流あるジャズメンたちとの親密な共演も彼ならではの所産で、一夜限りのライヴからV.S.O.P.という世界的バンドを生み出した采配は注目に値します。14回のグラミー受賞も、そうしたハンコックの足跡に相応しい讃美と納得されます。

## ハービー・ハンコック関連ミュージシャン

バンドリーダー　バンドメンバー　グループ　**共演者**　関係者

### マイケル・ブレッカー
Michael Brecker（ts） 1949～2007

ハンコックとブレッカーはお互いのアルバムでたびたび共演。特にマイルスとコルトレーンへのトリビュート・バンドは大反響となりました。

ハービー・ハンコックほか『ディレクションズ・イン・ミュージック～マイルス&コルトレーン・トリビュート』 2001年 Verve

### チック・コリア
Chick Corea（p, kb） 1941～2021

チック・コリアは、マイルス・バンドのハンコックの後任です。ともにエレクトリックとアコースティックの二刀流。ライバルかと思いきや、ライヴでもアルバムでも頻繁に共演をくり返していました。1978年にはアコースティック・ピアノ・デュオで世界ツアーを敢行。日本公演の会場は日本武道館でした。なんと満員御礼！

ハービー・ハンコック&チック・コリア『イン・コンサート』
1978年 Columbia

### ウィントン・マルサリス
Wynton Marsalis（tp） 1961～

「驚異の新人」マルサリスのデビュー作はハンコックのプロデュース。ロン・カーターとトニー・ウィリアムスの最強トリオでバックアップ。

ウィントン・マルサリス『マルサリスの肖像』1981年 Columbia

### ジョニ・ミッチェル
Joni Mitchell（vo） 1943～

ハンコックはたびたびジョニと共演。2007年には本人参加の『リヴァー～ジョニ・ミッチェルへのオマージュ』（Verve）をリリース。グラミー賞の最優秀アルバム賞を受賞しました。

### トニー・ウィリアムス
Tony Williams（ds） 1945～1997

### ロン・カーター
Ron Carter（b） 1937～

ハンコック、カーター、ウィリアムスはマイルス・クインテットのリズム・セクション。1963年にバンドを刷新した際の新メンバーで、当時ウィリアムスは17歳でした。その後カーターとウィリアムスのコンビはハンコックのトリオやV.S.O.P.クインテットをはじめ、ハンク・ジョーンズ、マッコイ・タイナー、トミー・フラナガンなど多くのピアノ・トリオのライヴ、レコーディングで活躍しました。

**TRIVIA**

### “帝王”のドタキャンから生まれたスーパー・バンド

「V.S.O.P.クインテット」は、1976年のニューポート・ジャズ・フェスの特別編成バンド。当初マイルス・クインテットの再結成が企画されたものの、直前にマイルスがキャンセル。代わりにフレディ・ハバード（tp）が参加したのが大好評で、その後も活動を続けました。バンド名が「Very Special One-time Performance」にもかかわらず、ライヴのあと、世界ツアー2回、アルバム4作が作られました。

## 10

# ジョー・ザヴィヌル

### エレクトリックと民族音楽とクラシック……、相反する音楽をジャズで混合させた天才

どこか苦味ある懐かしみや、辛味を漂わす下町風景を持ち、どことも知れないマーケットの喧騒をそぞろ歩かされます。具体性はなく、それを特定せずに想像させたり、おぼろげに感じさせながら、舞い上がる土の臭いを嗅がせるのが好きなのでしょう。リスナーにはそんな空想国の物語で陶酔させておきながら、きっちりフレームに収まった厳格的音づくりを底流させてもいるのです。

1932年、音楽の都ウィーンで生まれ育ちました。そして7歳の時に才能を見出され、ウィーン音楽院に奨学生として進学します。すぐに居場所がここではないと感じ、一時は地元バンドでアコーディオンを担当しますが、ウィーンでは音楽に貪欲になれないとアメリカへ行く決心をつけます。59年、奨学生としてボストンへ渡り、そこでも方向性に悩み3週間後にはメイナード・ファーガソン（トランペット）のバンドの一員に収まっていました。

スライド・ハンプトン（トロンボーン）のバンドでウェイン・ショーターと出会い、ダイナ・ワシントン（ヴォーカル）の伴奏者をつとめながら、61年にキャノンボール・アダレイ（アルト・サックス）のバンドに迎えられます。泥臭く熱っぽいファンキーがウリで、作曲した〈マーシー・マーシー・マーシー〉はソウル・チャートの2位にまで上り詰めました。彼にとって最初のヒット曲で、これが次への起点となります。

9年間の在籍中、同曲で弾いたウーリッツァ・ピアノ（エレクトリック・ピアノ）の音がマイルス・デイヴィスの耳に止まり、録音セッションに誘われます。最初は「まだその時期ではない」と断ったそうで、その完璧主義ぶりが見てとれます。ただ「下手なひとりとして参加し、最高の存在となって去る」という信条に従い、自ら新曲を携えて参加。そこで生まれる作品群が、どれもジャズの未来を暗示する傑作ばかりで、新たな創作の淵源へと押し上げられます。そのことが、その後も変わらずに貫かれる彼の絶対的個性となっていきました。

Photo by Frans Schellekens/Redferns

2005年、オランダ、ノースシー・ジャズ・フェスのステージ。

**1932年　7月7日**
オーストリア・ウィーンにて誕生
**1959年**
渡米。メイナード・ファーガソンのバンドに参加
**1961年**
キャノンボール・アダレイのバンドに参加
**1967年**
キャノンボールのグループの自作曲〈マーシー・マーシー・マーシー〉がヒット
**1969年**
マイルス・デイヴィス『イン・ア・サイレント・ウェイ』『ビッチェズ・ブリュー』に参加
**1970年**
ウェザー・リポート結成
**1976年**
ウェザー・リポートにジャコ・パストリアスが加入
**1986年**
ウェザー・リポート解散
**1988年**
ザヴィヌル・シンジケートのデビュー作『イミグランツ』発表
**1996年**
『マイ・ピープル』発表。リチャード・ボナを世界に紹介。
**2004年**
ウィーンにジャズクラブ「ジョー・ザヴィヌルズ・バードランド」をオープン
**2007年　9月11日**
皮膚癌のためウィーンで死去

## まずはこの作品から

### ジョー・ザヴィヌル『マイ・ピープル』 Escapade Music

演奏：ジョー・ザヴィヌル（kb, vo）、マイク・モスマン（tp, tb）、ボビー・マラック（sax）、マシュー・ギャリソン（b）、リチャード・ボナ（b）、パコ・セリー（ds, per）、アート・トゥンクボヤチアン（per, vo）トリロク・グルトウ（per）、アレックス・アクーニャ（per）、サリフ・ケイタ（vo）ほか　録音：1992 〜 1996年

**ザヴィヌルはオーストリア出身、参加ミュージシャンは、リマ、カメルーン、コートジボアール、トルコからペルーまで。どこの言語かもわからないヴォーカルを多用して、地球上のどこにもないエスニック・ミュージックを作り出しました。**

---

### ウェザー・リポート『ヘヴィ・ウェザー』 1977年　Columbia

**ウェザー・リポート８枚目のアルバム。曲にソロに、シンセサイザーを「自分の声」とするザヴィヌルの真骨頂が聴けます。〈バードランド〉が 当時大ヒット。**

### 『ウェザー・リポート』 1971年　Columbia

**ウェザー・リポートのファースト。全員が常にソロを取っている“フリー・ジャズ”でありながら、統率もとれている不思議サウンド。シンセサイザー未使用時代。**

70年、マイルス・グループで再会したショーターと双頭コンボを組み、「ウェザー・リポート」と命名します。76年にはジャコ・パストリアスが加わり、最強のエレクトリック・ジャズ・バンドと謳われました。音楽的ダイバーシティを具え、これほど幅広い民族性の融合に成功したバンドはジャズでは唯一であり、彼の存在なくして運営は不可能です。自身に厳しく、他人にも同じモチベーションを求めるため活動には相当な根気を要します。それを実践するには、独特の完全主義的な思いが下支えとなっていたのではないでしょうか。86年、ウェザー・リポートは解散しますが、その後も斬新な手法とシンセサイザーを活用して、広いジャンルへ絶大な影響を及ぼしていきました。95年にはワールド・ミュージックの要素を強くアピールした「ザヴィヌル・シンジケート」を結成します。ここではとことんアフリカにこだわり、鬼才リチャード・ボナ（ベース）を世界に紹介するなど、再び話題を集めました。

２００４年にはウィーンにジャズクラブ「ジョー・ザヴィヌルズ・バードランド」をオープンさせますが、３年後、皮膚癌のため故郷で逝去します。ふた月前の発表作『75』が遺作となりました。〝75〟は発表時の彼の年齢でした。

## ジョー・ザヴィヌル関連ミュージシャン

バンドリーダー　バンドメンバー　グループ　**共演者**　関係者

### ミロスラフ・ヴィトウス

Miroslav Vitouš（b）　1947～

ウェザー・リポートの創設メンバーのひとり。当初はヴィトウスのアコースティック・ベースがグループのサウンドを特徴づけていました。73年にファンキー路線への変更を受けて脱退。

### マイルス・デイヴィス

Miles Davis（tp）　1926～1991

ザヴィヌルとマイルスのアルバム初共演は『ビッチェズ・ブリュー』直前の『イン・ア・サイレント・ウェイ』。両作はメンバーが多く重なっており、ジャズ大変革の予兆がここにあります。〈イン・ア・サイレント・ウェイ〉はザヴィヌルの作曲。ウェザー・リポートでも、その後もたびたび演奏する彼の代表曲になりました。

マイルス・デイヴィス
『イン・ア・サイレント・ウェイ』
1969年　Columbia

### リチャード・ボナ

Richard Bona（b）　1967～

ボナはカメルーン出身。ザヴィヌルとの共演のあと、パット・メセニー・グループやデヴィッド・サンボーン（as）、渡辺貞夫（as）らと活動。ザヴィヌルのバンドは若手の登竜門なのです。

### ジャコ・パストリアス

Jaco Pastorius（b）　1951～1987

ジャコは、まだ無名だった1976年に自身の売り込みをきっかけにウェザー・リポートに参加。以降81年まで在籍し、グループの黄金時代を築きました。『ブラック・マーケット』での２曲がその最初の録音です。すでに超個性的。革新的なエレクトリック・ベースのスタイルは、ジャンルを超えて多くのフォロワーを生みました。

ウェザー・リポート
『ブラック・マーケット』
1975～76年　Columbia

### キャノンボール・アダレイ

Cannonball Adderley（as）　1928～1975

ザヴィヌルはキャノンボール・アダレイのバンドに1961年から約９年間在籍。66年録音の『マーシー・マーシー・マーシー』に収録された同名の自作曲がシングルカットされ、67年１月に『ビルボード』のホット100（シングル総合チャート）で82位、R&Bチャートでは２位を記録するヒットとなりました。

キャノンボール・アダレイ
『マーシー・マーシー・マーシー』
1966年　Capitol

**TRIVIA**

### 左の音が高くなる高低逆配列鍵盤って何？

ザヴィヌルがウェザー・リポート時代に愛用していた「アープ2600」シンセサイザーは、鍵盤配列を逆（高い音が左側）にすることができました。そんな機能を使う人がいるのかと思いきや、ザヴィヌルは『ブラック・マーケット』の表題曲で、なんとその高低逆配列鍵盤で演奏しています（ライヴ映像でも確認できます）。理由は手癖を排除するため。作曲でもこれを使うとか。もう常人には理解不能です！

コラム

# 早わかり日本のジャズ史〈1〉

## ジャズは戦前シティボーイの必須アイテム

ニューオリンズでジャズが誕生したのはおそらく19世紀の末期、初めてジャズのレコードが発売されたのが1917年のこと。日本にジャズが伝わってきたのは意外に早く、1910年代に、横浜や神戸に着くアメリカからの太平洋航路の客船に乗っている楽団から、日本人の楽師が楽譜やレコードを入手したのが、ジャズが日本に伝わった事始めのようです。あるいは私立大学に通うお金持ちのぼんぼんたち、慶應義塾大学とか立教大学とか法政大学の学生たちが、ジャズというものがあるということを聞きつけて、アメリカからレコードや楽器を取り寄せて、アマチュア・バンドでジャズを始めたりしました。

日本で初めて結成されたプロのジャズ・バンドは、大正12年（1923）に井田一郎というヴァイオリニストが神戸で作ったバンドです。もうこの時点では最先端の若い人たちには、ジャズはすごくよく聴かれていたようで、その翌年に書かれた谷崎潤一郎の『痴人の愛』の中で、登場人物たちが、ジャズでは何が好きか、どの曲が踊りやすいか、みたいな話をするシーンがあります。出てくる曲名は、〈キャラヴァン〉〈蝶々さん〉〈ホイスパリング〉。〈蝶々さん〉〈ホイスパリング〉は当時アメリカですごく人気のあったポール・ホワイトマン・オーケストラの曲。大都市の先端的な若者たちの間では、その時点でジャズが盛んに聴かれていたんですね。

日本の戦前のジャズ・バンドは、ジャズをやるだけじゃなくて、流行歌というか歌謡曲、あるいは後に演歌と呼ばれるような音楽の録音で伴奏を受け持ちもしました。こうした流行歌や歌謡曲は、明らかにジャズの影響を受けています。楽器編成がジャズ・バンドですので、リズム隊にはドラム、ベース、ピアノ、ギターがいて、前奏や間奏にサックスやトランペットが入っているというのは、もうジャズそのまま。そこに乗っているメロディは、日本の伝統音楽の節《ふし》を使ったものも多く、これは「ジャズに大きな影響を受けた日本固有の大衆音楽」だということができると思います。

二村定一《ふたむらていいち》が歌った日本語によるジャズ・ソング〈アラビヤの唄〉〈青空〉がヒットしたのは昭和3年（1928）のこと。ジャズのレコードを聴かせるジャズ喫茶も昭和初期に誕生し、ジャズはシティボーイたちの必須アイテムとして持て囃《はや》されました。昭和16年12月8日、日本が英米と戦争を始める朝までは。その日、高校生だったジャズ評論家の瀬川昌久は、アメリカのジャズ・レコードを大音量で聴いて、父親に叱られたそうです。そして、4年ほどの「日本ジャズの空白期」が始まったのでした。（160ページに続く）〈村井康司〉

## 第6章

# 知っていると10倍楽しい
# ジャズの常識曲
# 〈ジャズ・スタンダード〉25

この楽器は？

**ウッド・ベース**

楽器としてはクラシックのコントラバスと同じですが、ジャズでは基本的に指で弾《ひ》きます。ほかの楽器同様、ソロも弾《ひ》きます。

**選曲・イントロダクション：後藤雅洋**
**選盤・解説：早田和音**

Spotifyプレイリストの二次元コードです。12ページ参照。

# ジャズマンがみな「同じ曲」を演奏する理由

ジャズという音楽の特徴として、「楽曲」に対する特殊なスタンスが挙げられます。それは「スタンダード」という発想です。ジャズで言う「スタンダード・ナンバー」とは、長年にわたり多くのミュージシャンたちによって演奏され続けてきた楽曲のことを指します。言わば「定番曲」ですね。ですからどんなにヒットしたナンバーでも、特定のミュージシャンによってしか演奏されなかったり一時のブームで終わってしまったような楽曲は、スタンダードとは呼びません。つまり「スタンダードとして生まれた楽曲」というようなものはなく、「結果として」スタンダードに「成る」のですね。

ジャズの「スタンダード」は2種類あります。デューク・エリントンやセロニアス・モンクのような生粋のジャズ・ミュージシャンが作曲した楽曲と、ミュージカルや映画音楽のために作られた楽曲が、のちにジャズマンによって「ジャズ化」されたケースです。前者は区別するために、「ジャズマン・スタンダード」というような呼び方をすることもあります。「スタンダード化」された楽曲は当時の新曲が多く、結果として時代を映す鏡の役割も果たしています。「ミュージカルや映画音楽」とひとことで言いましたが、このことはヒット曲がミュージカル発の時代から映画音楽の時代へと変遷したことを表わしているのです。その延長線上にビートルズ・ナンバーや現代ポップスのスタンダード化があるのですね。

ところで、ジャズ・ミュージシャンが作った楽曲をほかのジャズマンが演奏するのは、同業者の楽曲なのですからわかりますが、ポピュラー・ソングをも「ジャズにしちゃう」という発想が「特殊なスタンス」なのです。仮にジャズが「楽曲表現」の音楽だとしたら、「もっとも原曲の良さを活かした演奏」が決定版となりそうなものです。

## 〈オール・ザ・シングス・ユー・アー〉を収録したアルバム（のごく一部）

and more ...

しかし、モンクの手になる名曲〈ラウンド・ミッドナイト〉（▼140ページ）は、モンク自身の演奏も素晴らしいのですが、ほかのジャズ・ミュージシャンによる演奏例も山のようにある。マイルス・デイヴィスの名演として知られている〈枯葉〉（▼124ページ）なども、実に多くのミュージシャンたちによって取り上げられています。ちなみに〈枯葉〉は元はシャンソンとして知られた楽曲です。なぜこういう現象が起こるのかというと、ジャズ・ミュージシャンは必ずしも「楽曲の最適解」を実現しようとは思っておらず、「自己表現の最適解」を追求しているからなのです。つまりジャズ・ミュージシャンにとって楽曲は、「自己表現のための素材」なのですね。ですから素材として魅力を感じれば、元がポップスだろうがロックだろうがお構いなしなのです。

ではなぜ「定番曲」といわれるまでに演奏例が重なるのかという理由を考えてみましょう。「名曲だから」というのはわかりやすい説明かと思いますが、ほんとうはちょっと違うのですね。たとえば〈オール・ザ・シングス・ユー・アー〉（▼123ページ）というスタンダード、大方の音楽ファンにとってあまり馴染みがないかと思うのですが、驚くべきことにほとんどのジャズ・ミュージシャンがこの楽曲を取り上げているのです。理由は、自己表現に適しているから。チャーリー・パーカー発案の「コード進行に基づく即興」では、表面的なメロディ・ラインよりも、その旋律が乗っている和声構造が重要になります。〈オール・ザ・シングス〜〉は、その意味でミュージシャンの創造意欲をかき立てる楽曲なのです。ルイ・アームストロング以来〝ジャズ〟は自己表現の音楽であり、また「演奏の仕方次第」で、どんな楽曲でもジャズになりうることを「スタンダード」の存在は如実に示しているのです。

# 01 アフロ・ブルー
## Afro Blue

### 21世紀に蘇ったアフリカ民謡

ジョン・コルトレーンの演奏が有名なために彼のオリジナルと思われがちですが、もともとはアフリカ民謡を題材にしてモンゴ・サンタマリアが作曲し、1959年にアルバム『アフロ・ルーツ』に収録したのが始まり。サンタマリアの大ヒットの後、オスカー・ブラウン・ジュニアが付けた歌詞をもとに歌ったアビー・リンカーンが再ヒットさせ、ブラウン自身も1960年発表のアルバム『シン＆ソウル』に収録。というわけで、シンガーに人気のこの曲、ディー・ディー・ブリッジウォーター、ダイアン・リーヴス、リズ・ライトら数多くのシンガーがカヴァーしています。

おすすめ

**ロバート・グラスパー**
**『ブラック・レディオ』**
Blue Note

演奏：ロバート・グラスパー（kb）、ケイシー・ベンジャミン（sax）、デリック・ホッジ（b）、クリス・デイヴ（ds）、エリカ・バドゥ（vo）ほか
発表：2012年

今や現代ジャズのアイコンになった感のあるグラスパーですが、そのきっかけになったのがこのアルバム。彼が活動基盤としているロバート・グラスパー・エクスペリメントとネオソウルの女王エリカ・バドゥとの共演。この曲以外にも多数のゲストとのコラボを収録しており、ジャズ、ヒップホップ、R&Bを融合させた名演が満載です。

**ディー・ディー・ブリッジウォーター**（vo）
**『アフロ・ブルー』**

Trio 1974年

現代最高峰のジャズ・シンガー、ディー・ディーが初来日時に日本のスタジオで録音した衝撃のデビュー作。〈アフロ・ブルー〉以外にも名唱がいっぱいの傑作です。

**ジョン・コルトレーン**（ss）
**『ライヴ・アット・バードランド』**

Impulse 1963年

コルトレーンがタイナー、ギャリソン、ジョーンズを擁する彼の黄金カルテットと行なったホットなライヴ演奏。荘厳な名曲〈アラバマ〉も聴くことができます。

**モンゴ・サンタマリア**（per）
**『アフロ・ルーツ』**

Prestige 1959年

熱く激しいジョン・コルトレーンの演奏とは対照的に、オリジナルはフルートやマリンバなどをフィーチャーした少しクールな演奏。すべてはここから始まりました。

## 02 オール・ザ・シングス・ユー・アー

All The Things You Are

### 歌うより「演奏したくなる」名曲

1939年公開のミュージカル『ヴェリー・ウォーム・フォー・メイ』の挿入歌としてジェローム・カーンが作曲し、オスカー・ハマースタインⅡ世が作詞したラヴ・ソング。サラ・ヴォーン、カーメン・マクレエ、エラ・フィッツジェラルドというヴォーカル御三家のカヴァーもありますが、インプロヴィゼーション意欲をそそる絶妙のコード進行を持っており、ヴォーカルに比べて楽器演奏者のカヴァーが圧倒的に多いのが特徴。スロー・テンポから超高速まで盛りだくさん。この曲のカヴァー演奏を集めるだけでもかなりのコレクションになりそう。ジャム・セッションの超定番曲でもあります。

おすすめ

**パット・メセニー**
**『クエスチョン・アンド・アンサー』**
Nonesuch

演奏：パット・メセニー（g）、デイヴ・ホランド（b）、ロイ・ヘインズ（ds）
録音：1989年12月21日

クラシック音楽を思わせる組曲や現代音楽、アヴァンギャルド・テイストのアルバムなど、さまざまな作品を発表するメセニーですが、時折リリースするトリオ編成のライヴ盤ではインプロヴァイザーとしての本領を発揮してくれます。ホランド＆ヘインズという腕利きリズム隊とともに猛烈な勢いでスウィング。爽快感溢れる演奏です。

**キース・ジャレット**（p）
**『スタンダーズ vol.1』**

ECM 1983年

キース、ピーコック（b）、ディジョネット（ds）によるスタンダーズ・トリオの1st作。超高速演奏であることを感じさせない流麗なスウィング感は、今も新鮮そのもの。

**ジョニー・グリフィン**（ts）
**『ア・ブローイング・セッション』**

Blue Note 1957年

グリフィン、コルトレーン、モブレーという３人のテナーとリー・モーガン（tp）が繰り広げる一大セッション。プレイヤーの個性を聴き分けるのが楽しいアルバム。

**カーメン・マクレエ**（vo）
**『カーメン・フォー・クール・ワンズ』**

Decca 1957年

インプロヴィゼーションも楽しいけれど、原曲の美しさをヴォーカルで味わうには最適の１枚。フレッド・カッツのアレンジによる洗練されたサウンドも魅力的。

# 03 枯葉

## Autumn Leaves

### 昔シャンソン、今はジャズの曲

〈枯葉〉を知らない人はいないでしょう。ジョゼフ・コズマがバレエ音楽として作曲し、後にジャック・プレヴェールが作詞。イヴ・モンタンが映画『枯葉〜夜の門〜』(1946年)中で歌って、シャンソンとして世界に広まり、さらにその後、ジョニー・マーサーが英詞を付けています。ですが、今ではすっかりジャズ・スタンダードと言ってよいのでは。実際、ジャズ界でこの曲を録音したことのない人を探すのが難しいほど。しかも名演揃いの超強力曲。そのきっかけは、キャノンボール・アダレイが1958年に録音したアルバム『サムシン・エルス』でした。

おすすめ

**キャノンボール・アダレイ**
**『サムシン・エルス』**
Blue Note

演奏：キャノンボール・アダレイ (as)、マイルス・デイヴィス (tp)、ハンク・ジョーンズ (p)、ポール・チェンバース (b)、アート・ブレイキー (ds)
録音：1958年3月9日

名義はアダレイのアルバムとなっていますが、事実上のリーダーはマイルス・デイヴィス。強者たちによる演奏は、ミステリアスなイントロ、抒情的なテーマ、スウィング感を伴ったキレの良いアドリブという、ジャズに必要な要素が詰まった超名演。以降マイルスは何度もこの曲を録音しているので、それを追ってみるのもオススメ。

**ビル・エヴァンス** (p)
**『ポートレイト・イン・ジャズ』**

Riverside 1959年

エヴァンス、スコット・ラファロ (b)、ポール・モチアン (ds) から成る伝説のトリオ。3人が自由にインタープレイするスタイルは彼らから始まりました。

**キース・ジャレット** (p)
**『スタンダーズ・スティル・ライヴ〜枯葉〜』**

ECM 1986年

エヴァンス・トリオがスタートさせた三者対等での演奏スタイルを、より柔軟な形に発展させたのがキースのトリオ。自由奔放に展開される演奏に魅了されます。

**サラ・ヴォーン** (vo)
**『枯葉』**

Pablo 1982年

ヴォーカルで聴くならこのアルバム。歌詞を歌わず、いきなりスキャットに突入するのですが、そのスウィング感の凄まじいこと。吃驚すること間違いなし。

# 04 ボディ・アンド・ソウル
## Body and Soul

### 女優のために書かれたラヴ・ソング

作編曲、ピアノ演奏、指揮、プロデュースなどをこなす才人ジョニー・グリーンが、イギリスの女優ガートルード・ローレンスのために書いた作品。「胸をふさぐ寂しさ。あなたを思い出してはため息を吐くばかり。身も心もあなたに捧げたいのに、あなたは気づいてもくれない」という切ない歌詞と、繊細なコード進行のふたつが相まって、多くの女性シンガーとミュージシャンたちに愛されています。とりわけテナー・サックス奏者からの人気は絶大で、コールマン・ホーキンス、レスター・ヤング、デクスター・ゴードンらのレジェンドも十八番としていました。

おすすめ

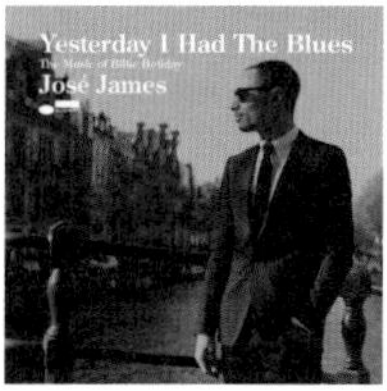


**ホセ・ジェイムズ**
**『イエスタデイ・アイ・ハド・ザ・ブルース』**
Blue Note

演奏：ホセ・ジェイムズ（vo）、ジェイソン・モラン（p, kb）、ジョン・パティトゥッチ（b）、エリック・ハーランド（ds）
録音：2014年8月23日、24日

ジャズ、ソウル、ヒップホップ、R&Bなどさまざまな要素をミックスさせた独自の音楽を築きあげた現在No.1男性ヴォーカリストのジェイムズが、この曲をとても素敵な雰囲気で歌っています。彼が敬愛するビリー・ホリデイへトリビュートされた同作は、彼女ゆかりの曲を中心にした選曲。21世紀のジャズ・スタンダード集となっています。

**セロニアス・モンク**（p）
**『モンクス・ドリーム』**

Columbia 1962年

こういうバラード曲はソロ・ピアノでも聴きたいもの。モンクが自己のカルテットで発表したアルバムの中で彼らしい〈ボディ～〉のソロ演奏を披露しています。

**エスペランサ**（b）
**『エスペランサ』**

Heads Up 2007年

５拍子にアレンジし、スペイン語の歌詞を付けた〈Cuerpo Y Alma〉というタイトルで収録、デビュー間もない頃の彼女がベースを弾きながら軽やかに歌います。

**コールマン・ホーキンス**（ts）
**『ボディ・アンド・ソウル』**

RCA 1939年

この曲をバラードの名曲にしただけでなく、コルトレーンやロリンズらにも影響を与え、"ジャズ・サックスの父"と讃えられたホーキンスの名演集です。

05

# バイ・バイ・ブラックバード

ByeBye Blackbird

## マイルスが掘り起こした幻の名曲

いわゆるジャズ・スタンダードと呼ばれる曲は、ミュージカルを中心とした1940年代の流行歌が多いのですが、この曲は歴史が古く、1926年にレイ・ヘンダーソンが作曲し、モート・ディクソンが作詞したもの。同年に発表されてから長く忘れ去られていたこの曲に目を付けたのがマイルス・デイヴィスです。1956年作品『ラウンド・アバウト・ミッドナイト』の中で演奏してから、一気にスタンダード化。メロディの力が強く、何をやっても曲の味わいが消えない曲なのでメインストリームからアヴァンギャルドまで広くカヴァーされています。

おすすめ

**マイルス・デイヴィス**
**『ラウンド・アバウト・ミッドナイト』**
Columbia

演奏：マイルス・デイヴィス (tp)、ジョン・コルトレーン (ts)、レッド・ガーランド (p)、ポール・チェンバース (b)、フィリー・ジョー・ジョーンズ (ds)
録音：1955年10月26日、1956年9月10日

最初に聞こえてくる、ガーランドのふくよかな響きのピアノとチェンバース&ジョーンズのバックビートの強いリズムで重厚にスタートした後に、そっと流れるマイルスの繊細なミュート・トランペット。抜群のコントラストが聴く者の耳を捉えます。続くコルトレーンのちょっと武骨なテナー・サックスも好対照。変化とバランス感覚に優れた名演です。

**本田竹曠 (p) トリオ**
**『ジス・イズ・ホンダ』**

Trio 1972年

強烈なピアノ・タッチと溢れる詩情。日本ジャズ史に残る名ピアニスト本田の代表的ピアノ・トリオ作品。噛めば噛むほど味が出る、奥の深いアルバムです。

**リッキー・リー・ジョーンズ(vo)**
**『ポップ・ポップ』**

Geffen 1979年

ジャケットを見ると、これはジャズ作品なの？　と思ってしまいますが、とても素敵なジャズ。彼女独特のアンニュイとペーソスがミックスされた楽しい演奏です。

**アルバート・アイラー (ss)**
**『マイ・ネーム・イズ・アルバート・アイラー』**

Debut 1963年

プレイヤーが自分の個性を発揮しやすい曲ですので、いろいろなものを聴きましょう。フリー・ジャズの雄アイラーが繰り広げるスピリチュアルな演奏です。

06

# ドルフィン・ダンス

Dolphin Dance

## 複雑な構造を感じさせない親しみやすさ

ハービー・ハンコックが1965年に発表したアルバム『処女航海』に初めて収録された楽曲。“海”をテーマにして書き上げられたオリジナル５曲を収録した同作は、その５曲すべてが名曲で、しかもそれらがしっかりと結び付いてひとつのストーリーを描く、ジャズ・アルバムでは珍しいコンセプチュアルなアルバムなのですが、その掉尾《とうび》を飾るのが、踊るようにして泳ぐイルカの優雅な姿を描いたこの曲。シンプルなメロディのバックでハーモニーがさまざまに変化していく繊細かつ大胆な構造が、数々のアーティストを刺激し、多くの名演を生んでいます。

おすすめ

**ハービー・ハンコック**
**『ハービー・ハンコック・トリオ ’81』**
CBS/Sony

演奏：ハービー・ハンコック (p)、ロン・カーター (b)、トニー・ウィリアムス (ds)
録音：1981年7月27日

初出となった『処女航海』収録版が素晴らしいのはもちろんなのですが、ハービーがのちにピアノ・トリオで録音したテイクも甲乙つけがたい名演です。ハンコック、カーター、ウィリアムスの３人が自由にインタープレイする様子はとても優雅で刺激的。カーター名義のアルバム『サード・プレイン』でも同メンバーによる名演が聴けます。

**メル・ルイス** (ds) **&**
**ザ・ジャズ・オーケストラ**
**『ライヴ・イン・モントルー』**

MPS 1980年

ルイス率いるビッグバンドが1980年モントルー・ジャズ祭で行なった演奏を収録したライヴ盤。すべてハービーの曲。才人ボブ・ミンツァーのアレンジが光ります。

**リオーネル・ルエケ** (g)
**『HH』**

Edition Records 2020年

ルエケがアコースティック・ギターのソロ演奏でハービーの楽曲をカヴァーした、ハービー愛溢れるアルバム。彼の楽曲の新たな魅力に気付かせてくれます。

**ビル・エヴァンス** (p)
**『アイ・ウィル・セイ・グッドバイ』**

Fantasy 1977年

エヴァンスがゴメス (b) &ジグムンド (ds) とのトリオで録音し、グラミー賞を獲得した名盤中の演奏。エヴァンスの溌溂とした演奏をたっぷり楽しむことができます。

# 07 ドナ・リー
## Donna Lee

### 古い曲を換骨奪胎。新曲に

ジャズ界には、ジョージ・ガーシュウィンが作曲した〈アイ・ガット・リズム〉のコード進行をもとにして、ソニー・ロリンズが〈オレオ〉を書き、ディジー・ガレスピーが〈ソルト・ピーナツ〉を生み出したように、既成曲のコード進行に新たなメロディを加えて書かれた楽曲があります。マイルス・デイヴィスがチャーリー・パーカーのために書いたといわれる（諸説あり）この曲は、バラード・マクドナルド＆ジェイムズ・ヘイリーが作曲した〈インディアナ〉という古い曲のコード進行から生み出されたもの。今ではこちらの方が有名になっています。

おすすめ

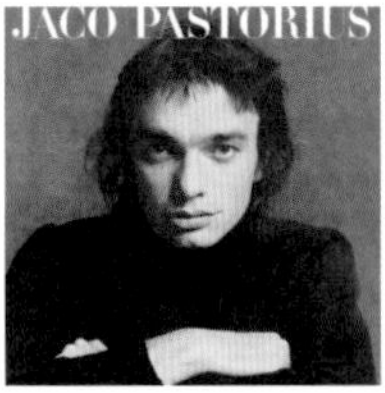


**ジャコ・パストリアス**
**『ジャコ・パストリアスの肖像』**
Epic

演奏：ジャコ・パストリアス（b）、ハービー・ハンコック（kb）、ボビー・エコノム（ds）、ナラダ・マイケル・ウォルデン（ds）、ドン・アライアス（per）ほか
録音：1975～76年

エレクトリック・ベースの表現力を飛躍的に拡大させたジャコが1976年に発表したデビュー・アルバム。アライアスのコンガだけを伴ったニュアンス豊かな〈ドナ・リー〉は、発表された途端ジャズ界に大きな衝撃を与えました。1982年にビッグバンドで行なったコンサートを収録したライヴ盤『トゥルース、リバティ＆ソウル』での演奏もオススメ。

**渡辺貞夫**（as）
**『バード・オブ・パラダイス』**

JVC 1977年

渡辺貞夫（as）がハンク・ジョーンズ（p）率いるグレイト・ジャズ・トリオと共演したチャーリー・パーカー楽曲集。パーカーは渡辺の原点のひとつです。

**ジョン・ビーズリー**（p）
**『モンケストラ・プレイズ・ジョン・ビーズリー』**

Mack Avenue 2020年

現代の才人ビーズリーが率いるビッグバンド「モンケストラ」の3rdアルバム。豪華メンバーによるラテン・テイストの〈ドナ・リー〉を楽しむことができます。

**チャーリー・パーカー**（as）
**『オン・サヴォイ～マスター・テイクス』**

Savoy 当該曲は1947年

若き日のマイルス（tp）、マックス・ローチ（ds）らが参加するクインテット演奏。合計6回のセッションを収録。パーカーの名演をコンパクトに楽しむことができます。

**08**

# ハウ・ハイ・ザ・ムーン

## How High the Moon

### 「腕自慢」を聴くならこの曲

1940年にモーガン・ルイス（作曲）＆ナンシー・ハミルトン（作詞）のコンビがブロードウェイ・ミュージカル『トゥー・フォー・ザ・ショー』の挿入歌として作曲し、後にヘレン・フォレスト（vo）をフィーチャーしたベニー・グッドマン楽団や、ジューン・クリスティ（vo）を立てたスタン・ケントン楽団がヒットさせました。転調を用いた複雑な構造を持ち、超アップ・テンポで演奏するスタイルが、1940年代～50年代のミュージシャンたちの腕自慢心をくすぐり、一気にスタンダード化。ヴォーカル、スモール・コンボ、ビッグバンド、何でもござれの超人気曲です。

おすすめ

**エラ・フィッツジェラルド**
**『マック・ザ・ナイフ～エラ・イン・ベルリン』**
Verve

演奏：エラ・フィッツジェラルド (vo)、ポール・スミス (p)、ジム・ホール (g)、ウィルフレッド・ミドルブルックス (b)、ガス・ジョンソン (ds)
録音：1960年2月13日

“ジャズ・ヴォーカルのファースト・レディ”と讃えられる名シンガーのエラが1960年にベルリンで行なったコンサートの実況録音盤。スミスやホールを擁するカルテットをバックに、スキャットやルイ・アームストロングの声色を織り交ぜながら猛然とスウィングするエラと、大歓声で応える聴衆。収録された全曲が名演という歴史的名盤です。

**ソニー・ロリンズ** (ts)
**『コンテンポラリー・リーダーズ』**

Contemporary 1958年

NY拠点のロリンズ (ts) が、B・ケッセル (g)、H・ホウズ (p) らLAの人気ミュージシャンと共演したアルバム。誰が相手でも揺らぐことのないロリンズ節が光ります。

**トミー・フラナガン** (p)
**『コンファメイション』**

Enja 1978年

“名盤の陰にフラナガンあり”と讃えられるほど、数多くの名盤に参加したフラナガンが録音したアルバム。名手G・ムラーツ (b) との美しいデュオが収録されています。

**カウント・ベイシー** (p)
**『ベイシー・イン・ロンドン』**

Verve 1956年

ベイシーのミュートなピアノとグリーンのさり気ないギター。軽快なリズムに乗せたホーンのぶ厚いリフとソロ。ベイシー楽団のエッセンスが詰まった演奏です。

# 09 インヴィテーション
Invitation

## ミステリアスなムードが特徴

〈オン・グリーン・ドルフィン・ストリート〉の作者としても知られるブロニスワフ・ケイパーが1944年に作曲し、『ア・ライフ・オブ・ハー・オウン』と『インヴィテーション』の２本の映画で使用されました。当初は、ジョージ・ウォーリントン（p）やカル・ジェイダー（vib）が録音するくらいでしたが、1962年にジョン・コルトレーン（ts）が取り上げた頃から人気が再燃し、ケニー・バレル（g）やミルト・ジャクソン（vib）、アル・ヘイグ（p）、アンドリュー・ヒル（p）らのさまざまなミュージシャンが演奏するようになります。数あるスタンダードの中でも独特のミステリアスなムードを持つ曲です。

おすすめ

**ジョー・ヘンダーソン**
**『テトラゴン』**
Milestone

演奏：ジョー・ヘンダーソン（ts）、ドン・フリードマン（p）、ロン・カーター（b）、ジャック・ディジョネット（ds）
録音：1968年5月16日

ミステリアスな味わいと言えば、ヘンダーソンです。浮遊感のあるモード的アプローチで数々の曲で名演を遺している彼のスタイルはこの曲にピッタリ。フリードマン、カーター、ディジョネットのトリオとともにスリリングな演奏を聴かせてくれます。1970年録音の『アット・ザ・ライトハウス』（Milestone/CD追加曲）でのホットな演奏もオススメ。

**ジョー・サンプル**（p）
**『インヴィテーション』**

Warner Bros. 1990年

サンプル・トリオがオーケストラとともにスタンダードを演奏する贅沢なアルバム。彼独特のソウルフルでエロティックな薫りのピアノがキラキラ輝いています。

**ロイ・ハーグローヴ**（tp）
**『ナッシング・シリアス』**

Verve 2006年

ヒップホップ、ラテン、ファンクなどもこなすハーグローヴがJ・ロビンソン（as）らと発表した痛快ハードバップ・アルバム。一気呵成にブロウするホットな演奏です。

**ジャコ・パストリアス**（b）
**ビッグバンド**
**『TWINS1&2 ～ライヴ・イン・ジャパン '82』**

Warner Bros. 1982年

R・ブレッカー（tp）、P・アースキン（ds）らの錚々たるメンバーを引き連れて日本で行なったライヴ録音盤。ジャコのベースがバンド全体をグルーヴさせています。

# 10 ジャスト・フレンズ

## Just Friends

### チャーリー・パーカーが「発見」した名曲

サミュエル・ルイス（作詞）、ジョン・クレナー（作曲）のふたりが書きあげたこの曲は、1931年にラス・コロンボが歌ってヒットさせますが、その後はカヴァーされることはほとんどありませんでした。スタンダード化のきっかけを作ったのはチャーリー・パーカー。1950年に『チャーリー・パーカー・ウィズ・ストリングス』というアルバムで発表してから一気にミュージシャンの間に広まりました。とりわけシンガーとホーン奏者には大人気で、ビリー・ホリデイ、サラ・ヴォーンのような大御所やソニー・スティット（as, ts）らが名演、名唱を残しています。

おすすめ

**チャーリー・パーカー**
**『チャーリー・パーカー・ウィズ・ストリングス』**
Verve

演奏：チャーリー・パーカー（as）、ストリングス
録音：1949年11月30日

ジャズを、それまでのダンス音楽から、鑑賞に堪えうるモダン・ジャズへ変革させたパーカー。その彼が、ストリング・オーケストラをバックに演奏する贅沢の極みのようなアルバム。パーカーはこの曲で、1949年のスタジオ・セッションや50年のカーネギーホールでのライヴなど、複数回のレコーディングを行なっています。そのすべてが名演です。

**ウィントン・マルサリス**（tp）
**『スタンダード・ライヴ／LIVE AT THE HOUSE OF TRIBES』**

Blue Note 2002年

ウィントンのクインテットがNYのクラブで行なったライヴを収録したアルバム。最高のミュージシャンたちが繰り広げる本気のライヴ。観客の反応も熱い。

**イリアーヌ・イリアス**（p）
**『アイ・ソート・アバウト・ユー』**

Concord 2013年

ピアノとヴォーカルの両面で輝かしい才能を発揮するイリアーヌが、敬愛するチェット・ベイカーゆかりの曲を演奏する、愛情溢れるトリビュート・アルバム。

**パット・マルティーノ**（g）
**『エル・オンブレ』**

Decca 1967年

ギター・レジェンドのマルティーノが、オルガン＆ドラムスを伴ったトリオを中心にして制作した1st作。22歳にして天才ぶりを発揮。ギター・アルバムの傑作です。

# 11 ジャスト・ワン・オブ・ゾーズ・シングス
## Just One of Those Things

### コール・ポーターのテイストが横溢

コール・ポーターが1935年にミュージカル『ジュビリー』のために書いた曲。アップ・テンポの軽快なリズムにゆったりとした美しい旋律を載せるというポーターらしさが発揮されており、その後も『ナイト・アンド・デイ』『ジャズ・シンガー』『ヤング・アット・ハート』などの映画に挿入曲として使われています。エラ・フィッツジェラルド、ルイ・アームストロング、ビリー・ホリデイ、ビング・クロスビーら大歌手の重要なレパートリーとなったほか、ライオネル・ハンプトン（vib）、チャーリー・パーカー（as）ら数多くのミュージシャンに演奏されています。

おすすめ

**オスカー・ピーターソン**
**『ザ・コール・ポーター・ソング・ブック』**
Blue Note

演奏：オスカー・ピーターソン（p）、レイ・ブラウン（b）、エド・シグペン（ds）
録音：1959年7月14日～8月9日

膨大な数の名曲を生み出してきた作曲家コール・ポーター。彼を敬愛する多くのミュージシャンが彼の楽曲集を発表していますが、その中で、エラ・フィッツジェラルドの『コール・ポーター・ソング・ブック』と双璧を成すのが本作。ピーターソン、ブラウン、シグペンというジャズ史上屈指の名トリオが盤面いっぱいに名演を披露します。

**ジェイミー・カラム**（p）
**『ザ・パースート』**

Decca 2010年

映画『グラン・トリノ』の主題曲でも有名な、UKを代表するシンガー＆ピアニストのカラムが、ジャズ、ロック、ポップスを融合させた楽しいアルバム。

**ニッキ・パロット**（b, vo）
**『センチメンタル・ジャーニー』**

Venus 2015年

オーストラリア出身のシンガー＆ベーシスト、ニッキ・パロットが、敬愛するドリス・デイに捧げたトリビュート盤。ハスキー＆キュートな歌声が魅力です。

**ブランフォード・マルサリス**（ts）
**『ルネッサンス』**

Columbia 1987年

ブランフォードの盟友、K・カークランド（p）とB・ハースト（b）に、T・ウィリアムス（ds）が加わる超強力カルテットによる瑞々しいメインストリーム・ジャズ演奏。

# 12 処女航海

## Maden Voyage

### 時代を超えた新鮮さをもつハンコックの代表曲

〈ドルフィン・ダンス〉の項でも紹介した、ハービーが1965年に発表したアルバム『処女航海』のタイトル曲。ジャズ界は1960年代に入ると、旧来のビバップやハード・バップを超えた音楽を生み出そうとするミュージシャンが、クラシック音楽や現代音楽、ロックなどの要素を取り入れ、フリー・ジャズ、アヴァンギャルドなどさまざまなスタイルに分派していくのですが、その中で、繊細なハーモニー感覚やモード的なソロ手法を取り入れた新たなメインストリーム・ジャズが形成されました。この曲には、そのムーヴメントを象徴する清新な響きが溢れています。

おすすめ

**ハービー・ハンコック**
**『処女航海』**
Blue Note

演奏：ハービー・ハンコック（p）、フレディ・ハバード（tp）、ジョージ・コールマン（ts）、ロン・カーター（b）、トニー・ウィリアムス（ds）
録音：1965年3月17日

当時マイルス・デイヴィス・クインテットに在籍していたハービーが、マイルスを除く同バンドのメンバーにハバードを加えたクインテットで制作したアルバム。タイトル曲以外にも、前述の〈ドルフィン・ダンス〉や〈アイ・オブ・ザ・ハリケーン〉など、すべてが名曲と言っても過言ではありませんし、全員が溌溂とした演奏。ジャズ史に残る名盤です。

**笠井紀美子**（vo）
**『バタフライ』**

CBS・ソニー 1973年

1970～80年代を象徴する日本のディーヴァ笠井が、1973年に来日したハービーとヘッド・ハンターズを迎えて制作。ハービーの代表曲6曲を含む抜群の内容です。

**ロバート・グラスパー**（p）
**『イン・マイ・エレメント』**

Blue Note 2006年

グラスパーがもっとも尊敬するアーティストがハービー。『ブラック・レディオ』でブレイクする前の彼がピアノ・トリオで斬新な〈処女航海〉を演奏しています。

**ボビー・ハッチャーソン**（vib）
**『ハプニングス』**

Blue Note 1966年

当時のジャズ・ムーヴメントを推進していたひとりでもあるハッチャーソン。彼のヴァイブラフォンが同曲を瑞々しく演奏しています。作曲者のハービーも参加。

# 13 マイ・フェイヴァリット・シングス

## My Favorite Things

### TV CMで有名なあの曲は……

1959年にブロードウェイで初演。その後1965年にジュリー・アンドリュース主演で映画化され世界的ヒットになったミュージカル『サウンド・オブ・ミュージック』の劇中歌。リチャード・ロジャース（作曲）、オスカー・ハマースタインⅡ世（作詞）というブロードウェイの黄金コンビによる作品で、「私の好きなもの」を次々に歌いあげていく歌詞が印象的。ジャズ界では、映画化される前の1960年に、コルトレーンが大胆なアレンジを施し、アルバム『マイ・フェイヴァリット・シングス』のタイトル曲として発表。大きな話題になりました。

おすすめ

**ジョン・コルトレーン**
**『マイ・フェイヴァリット・シングス』**
Atlantic

演奏：ジョン・コルトレーン（ss）、マッコイ・タイナー（p）、スティーヴ・デイヴィス（b）、エルヴィン・ジョーンズ（ds）
録音：1960年10月21日、22日、26日

コルトレーンが初めてソプラノ・サックスを使用して発表したこの曲はCMやTV番組でも頻繁に使われており、もはやアンドリュースの歌よりもよく聴かれているのではないでしょうか。タイトル曲だけでなく、ソプラノによるバラード〈エヴリタイム・ウィ・セイ・グッドバイ〉、テナー・サックスによる〈サマータイム〉も素晴らしい演奏です。

**JABBERLOOP**
**『INFINITE WORKS』**

Impulse 2008年

日本のクラブ・ジャズ・バンドJABBERLOOPが発表したリミックス作品。青木カレン（vo）をフィーチャーしたハウス・テイストの演奏が新鮮な魅力を放っています。

**クリスチャン・マクブライド**（b）
**『アウト・ヒア』**

Verve 2013年

グルーヴ・マスターのマクブライドがC・サンズ（p）、U・オーウェンス（ds）の若手を率いたピアノ・トリオ作品。５拍子にアレンジした勢いのある演奏が新鮮です。

**上原ひろみ**（p）**～HIROMI'S SONICBLOOM**
**『ビヨンド・スタンダード』**

Telarc 2008年

HIROMI'S SONICBLOOM［T・グレイ（b）、M・ヴァリホラ（ds）、D・フュージンスキー（g）］のセカンド。ジャズ、ロック、クラシックなどの名曲をHIROMI流に展開。

# 14 マイ・ファニー・ヴァレンタイン

## My Funny Valentine

### ロジャース＆ハートの代表曲

1937年にミュージカル『ベイブス・イン・アームズ』の挿入歌としてリチャード・ロジャース（作曲）とロレンツ・ハート（作詞）が共作。その後、同作を映画化した『青春一座』や『紳士はブルーネット娘と結婚する』でも用いられ、1957年『夜の豹』で女優キム・ノヴァクが歌ってヒットさせます。女性が最愛の男性のことを歌っている内容なので、多くの女性シンガーにカヴァーされていますが、フランク・シナトラ、チェット・ベイカーら、女性のハートをくすぐる男性シンガーにとっても重要なレパートリー。インストゥルメンタルでも名演の多い人気曲です。

おすすめ

**マイルス・デイヴィス**
**『マイ・ファニー・ヴァレンタイン』**
Columbia

演奏：マイルス・デイヴィス（tp）、ハービー・ハンコック（p）、ジョージ・コールマン（ts）、ロン・カーター（b）、トニー・ウィリアムス（ds）
録音：1964年2月12日

1964年NYのフィルハーモニック・ホールでのコンサートで演奏されたバラード５曲を収録したもので、同コンサートのアップ・テンポの曲を収めた『フォア&モア』と対を成すアルバムです。内省的なハービーのイントロに導かれたマイルスがスタートさせる切なげなミュート・トランペットの響き。ジャズ史上屈指のバラード演奏です。

**ロン・カーター** (b)
**『サン・セバスチャン』**

In & Out 2010年

カーター率いるゴールデン・ストライカー・トリオがスペインのジャズ祭で収録したライヴ盤。熟達の３人が揃ったドラムレス・トリオによる極上の演奏。

**チェット・ベイカー** (tp, vo)
**『チェット・ベイカー・シングス』**

Pacific Jazz 1954年

1950年代にマイルス・デイヴィスと人気を二分したチェットのシンガーとしての魅力をフィーチャーしたアルバム。退廃的な薫りのする甘い歌声は唯一無二のもの。

**ビル・エヴァンス** (p) **&**
**ジム・ホール** (g)
**『アンダーカレント』**

United Artists 1962年

稀代のインプロヴァイザーふたりによるデュオ・アルバム。静謐なインタープレイの中に漂う、研ぎ澄まされた美しさ。ピアノ＆ギター・デュオの極めつけ。

# 15 ナイト・アンド・デイ

## Night and Day

### 「スタンダード王」コール・ポーターの代表曲

本章でたびたび名前のあがる名作曲家コール・ポーターが1932年にミュージカル『陽気な離婚』のために作曲し、初演したフレッド・アステア（俳優、ダンサー、歌手）がレコード化して全米１位の大ヒットを記録。1946年に制作されたポーターの伝記映画のタイトルにもなっており、彼の代表曲とも言える楽曲です。フランク・シナトラ（vo）、エラ・フィッツジェラルド（vo）、ジョー・ヘンダーソン（ts）らジャズ系のミュージシャンから、セルジオ・メンデス＆ブラジル66、小野リサ、U2、リンゴ・スターのようなボサ・ノヴァ、ロック系のアーティストにまで幅広く取り上げられる人気曲です。

おすすめ

**チック・コリア・トリオ**
**『夜も昼も』**
ECM

演奏：チック・コリア (p)、ミロスラフ・ヴィトウス (b)、ロイ・ヘインズ (ds)
録音：1984年9月

トリオ好きのチックは数多くの名トリオを結成してきましたが、彼の代表作『ナウ・ヒー・シングス・ナウ・ヒー・ソブズ』を生み出した、ヴィトウス＆ヘインズを擁するトリオもそのひとつです。十数年ぶりにリユニオンした彼らの1984年スイス公演を収録した本作中の〈サマー・ナイト〜ナイト・アンド・デイ〉で白熱の演奏を披露。

**ジョー・パス** (g)
**『ヴァーチュオーゾ』**

Pablo 1973年

名曲はソロ演奏でも輝きを失いません。ソロ・ギターの名手ジョー・パスが代表作の中で、スウィング感とエレガントさを兼ね備えたソロ・ギターを爪弾きます。

**ダイアナ・クラール** (p, vo)
**『ターン・アップ・ザ・クワイエット』**

Verve 2017年

５度のグラミー賞を獲得している大歌手のクラールが発表したスタンダード集。ストリングスを配したボサノヴァ・リズムでのハスキーな歌声にうっとりします。

**フランク・シナトラ** (vo)
**『ア・スインギン・アフェア』**

Capitol 1957年

この曲は、稀代の名歌手シナトラがその長いキャリアの中で何度もレコーディングしてきた愛唱曲。ビッグバンドをバックにした朗々たる名唱を聴かせてくれます。

## 16 チュニジアの夜
### A Night in Tunisia

### ライヴで燃える名曲

ジャズが誕生したのは19世紀末～20世紀初頭だといわれていますが、現在のような多彩なコード展開とインプロヴィゼーションを持つ形態の元となったのは、1940年代に興ったビバップです。そのスタイルを生み出した中心人物のひとりがディジー・ガレスピー。この曲は、彼が1944年にピアニストのフランク・パパレリと共作したもの。印象的なベースのリフを持つアフロ・ビートと、スウィングの４ビートが交錯するカラフルなテーマと、期待感を膨らませるブリッジを持つエキサイティングな曲。多くのアーティストのライヴ定番曲になっています。

おすすめ

**アート・ブレイキー＆ザ・ジャズ・メッセンジャーズ『チュニジアの夜』**
Blue Note

演奏:アート・ブレイキー (ds)、リー・モーガン (tp)、ウェイン・ショーター (ts)、ボビー・ティモンズ (p)、ジミー・メリット (b)
録音：1960年8月7日、14日

そのエキサイティングな味わいをもっとも強く出しているのが本作。35年の歴史を持つジャズ・メッセンジャーズ (JM) は何度もメンバー変更しながら活動していましたが、モーガン＆ショーターをフロントに据えたこのバンドは、JM史上最強の布陣。このメンバーで来日した時のライヴ盤『ファースト・フライト・トゥ・ジャパン』も超強力です。

**デクスター・ゴードン** (ts)
**『アワ・マン・イン・パリ』**

Blue Note 1963年

ロリンズやコルトレーンにも影響を与えたテナーの巨匠ゴードンが、バド・パウエル (p) らとともに制作したワン・ホーン・カルテット作品。豪快な演奏とはこのこと。

**パスクァーレ・グラッソ** (g)
**『ビ・バップ！』**

Masterworks 2022年

2020年にデビュー。パット・メセニーも絶賛するギターの超新星グラッソが放つビバップの名曲集。ものすごい演奏です。メセニーが驚くのも無理はありません。

**ディジー・ガレスピー** (tp)
**『アット・ニューポート』**

Verve 1957年

ガレスピーが、リー・モーガン(tp)、ベニー・ゴルソン (ts) らを擁する豪華ビッグバンドでニューポート・ジャズ祭に出演した際のライヴ盤。まさに歴史のひとコマ。

# 17 オン・グリーン・ドルフィン・ストリート

## On Green Dolphin Street

### マイルス・デイヴィスから広まった名曲

1947年公開の映画『大地は怒る』（原題：Green Dolphin Street）のためにブロニスワフ・ケイパーが作曲し、後にネッド・ワシントンが歌詞を付けた楽曲です。その当時は、48年にジミー・ドーシー楽団がカヴァーしただけで終わったのですが、58年にマイルス・デイヴィス（tp）がこの曲を演奏し始めたことによって、ウィントン・ケリー（p）、デューク・ピアソン（p）らが続き、一気にスタンダード化しました。アフロやラテン・テイストを持った８小節と４ビートの８小節をミックスさせた構成のテーマを持っているので、プレイヤーの個性や技量を発揮しやすく、数々の名演を生んでいます。

おすすめ

**ビル・エヴァンス**
**『オン・グリーン・ドルフィン・ストリート』**
Riverside

演奏：ビル・エヴァンス (p)、ポール・チェンバース (b)、フィリー・ジョー・ジョーンズ (ds)
録音：1959年1月19日

1959年に、エヴァンスがその頃に在籍していたマイルス・バンドのメンバーであるチェンバース＆フィリー・ジョーのふたりを伴った、このメンバーによる唯一のトリオ・アルバム。数々の名演を生んでいるエヴァンスですが、この曲のソロに対して、彼は一貫してメロディに和音を加えた大胆なアプローチ。とてもスリリングな演奏です。

**ナンシー・ウィルソン**（vo）**＆**
**ジョージ・シアリング**（p）
**『ザ・スインギンズ・ミューチュアル！』**

Capitol 1960～61年

洗練されたサウンドで一時代を築き上げたシアリング・クインテットと、デビュー間もない頃の溌溂としたナンシーが共演したアルバム。絶妙の組み合わせです。

**エリック・ドルフィー**（as）
**『アウトワード・バウンド』**

New Jazz 1960年

スタンダード聴き比べの楽しさは、個性的な演奏に出会えること。のちに名盤『アウト・トゥ・ランチ』を生み出すことになるドルフィーの深遠な演奏です。

**マイルス・デイヴィス**（tp）
**『1958マイルス』**

Columbia 1958年

『カインド・オブ・ブルー』と同一メンバーが1958年に録音した演奏を収録したアルバム。『カインド～』とは異なるリラックスした雰囲気が溢れます。

## 18 オーヴァー・ザ・レインボウ

### Over the Rainbow

### ポピュラー音楽の頂点はジャズでも大人気

1939年公開のミュージカル映画『オズの魔法使い』の劇中歌として、ハロルド・アーレンとE・Y・ハーバーグが共作し、当時16歳のジュディ・ガーランドが歌って大ヒットを記録しました。これまで、レイ・チャールズ、エリック・クラプトン、ガンズ・アンド・ローゼズなど、ジャンルを超えたアーティストたちにカヴァーされ、2001年に全米レコード協会が発表した「20世紀の歌」365曲中の第１位を獲得。ポピュラー音楽の頂点に立つ名曲です。ジャズ界では、アート・テイタムらピアニストや、サラ・ヴォーンらシンガーたちに広く愛されています。

おすすめ

**メロディ・ガルドー**
**『マイ・ワン・アンド・オンリー・スリル』**
Verve

演奏：メロディ・ガルドー（vo, g, p）、ラリー・ゴールディングス（org）、ニコ・アボンドロ（b）、ヴィニー・カリウタ（ds）、ストリングス　ほか
発表：2009年

前述のようにジャンルを超えた数多くのアーティストにカヴァーされ、さまざまな味わいが生み出されていますが、もっとも陰影に富んだ表現で魅了してくれるのが、米国の若きシンガー＆ソングライター、ガルドーが2009年に発表した2nd作。ストリングスを配した贅沢なバンドをバックにしたボサ・ノヴァのリズムでしっとりと歌いあげます。

**アレサ・フランクリン**（vo）
**『アレサ・フランクリン・ウィズ・レイ・ブライアント・コンボ』**

Columbia 1961年

“ソウルの女王”アレサが18歳の時に発表したデビュー作。レイ・ブライアント（p）が率いるバンドをバックに、ジャズとR&Bテイストが溢れる名唱を聴かせます。

**モダン・ジャズ・カルテット**
**『フォンテッサ』**

Atlantic 1956年

ジャズのスウィング感とアドリブ、そして室内楽アンサンブルの精緻な美しさをフューズさせたジャズ史に残る名バンドが繰り広げるリリシズム豊かな演奏。

**バド・パウエル**（p）
**『アメイジング・バド・パウエル Vol.2』**

Blue Note 1951年

モダン・ジャズのピアノ・スタイルを確立させたパウエルのピアノ・トリオ作品。当該曲は、そこに収録されたソロ・ピアノ演奏。ジャズの薫りたっぷり。

# 19 ラウンド・ミッドナイト

'Round Midnight

## まさに「夜」。これがジャズ

僕が通っている某ラーメン屋さんには、「最初に食べた時は不思議な味と思うかもしれませんが、食べているうちに病みつきになります」と書いてあって、その通りリピート客の多い店になっているのですが、セロニアス・モンクの音楽もまさにそんな感じです。彼が1947年に発表したこの曲はタイトル通り、夜の雰囲気。それはとりもなおさず、ジャズが輝きだすプライムタイム。妖気漂わすイントロ、不協和音のように思えるハーモニー、それらは見事なまでに調和して、夜の世界を描き出します。モンクの世界を愛するミュージシャンは多く、今でも演奏され続けています。

おすすめ

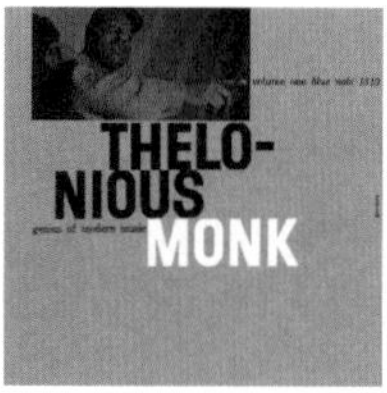


**セロニアス・モンク**
**『ジーニアス・オブ・モダン・ミュージック Vol.1』** Blue Note

演奏：セロニアス・モンク (p)、ジョージ・テイト (tp)、サヒブ・シハブ (as)、ロバート・ペイジ (b)、アート・ブレイキー (ds)
録音：1947年11月21日

モンクが1947年～48年にブルーノート・レコードに録音したアルバム。彼の初期の作品集なのですが、〈アイ・ミーン・ユー〉〈エピストロフィー〉〈ミステリオーソ〉など彼の代表曲がこの時期に完成していることに驚きです。アート・ブレイキーやミルト・ジャクソンらが参加している点でも注目すべき作品。同『Vol.2』も必聴です。

**ウェス・モンゴメリー** (g)
**『ザ・ウェス・モンゴメリー・トリオ』**

Riverside 1959年

メルヴィン・ライン (org)、ポール・パーカー (ds) とのトリオで録音したウェスのデビュー・アルバム。彼らしいオクターヴ奏法のギターが心地好い夜を演出します。

**ハービー・ハンコック** (p) ～
**ボビー・マクファーリン** (vo)
**『ラウンド・ミッドナイト』**

Warner Bros. 1986年

デクスター・ゴードンが主役を演じ、多数のミュージシャンが参加した映画のサントラ盤。マクファーリンのスキャットが聴く者をゾクゾクッとさせます。

**マイルス・デイヴィス** (tp)
**『ラウンド・アバウト・ミッドナイト』**

Columbia 1956年

モンク色の強い楽曲に、繊細なミュート・トランペットによるテーマ演奏と、ギル・エヴァンスのアレンジによるブリッジを加えて独自の世界を構築しています。

# 20 サテン・ドール

## Satin Doll

### デューク・エリントン楽団の代表曲

その生涯において3,000超の楽曲を書き上げ、グラミー賞を９回受賞、史上最高のビッグバンドを率いた20世紀最高の音楽家デューク・エリントン。彼が1953年にビリー・ストレイホーンと作曲したこの曲は、エリントン楽団のコンサートの終盤によく演奏されていました。〈A 列車で行こう〉と並ぶ同楽団の代表曲です。その後、58年にジョニー・マーサーが歌詞を施したことによって、エラ・フィッツジェラルド、カーメン・マクレエ、キャロル・スローン、ロレツ・アレキサンドリアら数多くの女性ジャズ・シンガーの間に広まり、一気にジャズ・スタンダードとなりました。

おすすめ

**エラ・フィッツジェラルド～デューク・エリントン『ザ・ストックホルム・コンサート1966』**
Pablo

演奏：エラ・フィッツジェラルド (vo)、デューク・エリントン・オーケストラ
録音：1966年

何をさておいてもエリントン楽団の演奏を聴いてみましょう。このアルバムは、同楽団が1966年に行なったヨーロッパ・ツアー中に録音されたもの。ジョニー・ホッジス (as)、ハリー・カーネイ (bs)、ポール・ゴンザルヴェス (ts)、キャット・アンダーソン (tp) らの名手揃いのバンドによる演奏をバックに歌うエラ。華やかなコンサートが再現されます。

**ザ・ポール・ウィナーズ『ザ・ポール・ウィナーズ』**

Contemporary 1975年

ケッセル (g)、ブラウン (b)、マン (ds) という、米国雑誌の人気投票で１位に選ばれた３人によるオールスター・ギター・トリオ作品。名人ならではの軽妙洒脱な演奏。

**小曽根真(p)クリスチャン・マクブライド(b)ジェフ“テイン”ワッツ(ds)『マイ・ウィッチズ・ブルー』**

Verve 2012年

世界的ピアニストの小曽根がスーパー・リズム・セクションと奏でるトリオ・アルバム。滅多にスタンダードを演奏することのない彼の貴重なトラックです。

**マッコイ・タイナー (p)『バラードとブルースの夜』**

Impulse 1963年

コルトレーン・カルテットでダイナミックなピアノを弾いていたタイナーにはエレガントな一面もあります。その良さが存分に引き出されたトリオ作品です。

## 21 朝日のようにさわやかに

### Softly, As in a Morning Sunrise

### じつは「さわやか」ではない朝の光

1928年上演のオペレッタ『ニュー・ムーン』のためにシグムンド・ロンバーグ（作曲）とオスカー・ハマースタインII世（作詞）が共作したもの。邦題のイメージとは異なる悲しい歌詞が添えられていて、発表当初は気怠い感じで演奏されることが多く、程なく忘れ去られてしまいました。ところが、開放感のあるコード進行とシンプルなメロディ・ラインを持ち、プレイヤーが自分の好きなように演奏することのできるこの曲は、1950年代に入ると人気再燃。ミディアム・スローから超高速まで、優雅なものからフリーまで、幅広いテイストで演奏されています。

おすすめ

**モダン・ジャズ・カルテット**
**『コンコルド』**
Prestige

演奏：モダン・ジャズ・カルテット：ミルト・ジャクソン(vib)、ジョン・ルイス (p)、パーシー・ヒース (b)、コニー・ケイ (ds)
録音：1955年7月2日

ルイスの書きあげるエレガントなアンサンブルと、ジャクソンのファンキーなソロ、そしてヒース＆ケニー・クラーク（後にケイに交代）のスウィンギーなリズム。MJQは本当に素晴らしいバンドでした。その魅力が凝縮されているのが本作に収められているこの演奏。1974年録音のライヴ盤『ラスト・コンサート』にも収録されています。

**ジョン・コルトレーン** (ts)
**『ライヴ・アット・ザ・ヴィレッジ・ヴァンガード』**

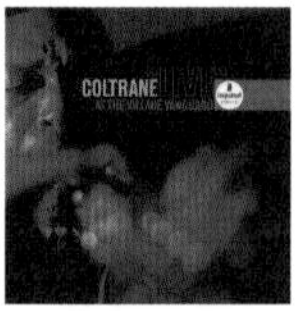


Impulse 1961年

急テンポのピアノ・トリオで始まりますが、トリオだけの演奏ではなく、終盤でコルトレーンのソプラノ・サックスが入り、その瞬間に強烈なカタルシスが訪れます。

**フレッド・ハーシュ** (p) **＋ビル・フリゼール** (g)
**『ソングス・ウイ・ノウ』**

Nonesuch 1998年

“ピアノの詩人”と讃えられるハーシュと、独自のアメリカーナ音楽を推進させるフリゼール。稀代のインプロヴァイザーふたりが織り成す美しいデュオ演奏。

**ソニー・ロリンズ** (ts)
**『ヴィレッジ・ヴァンガードの夜』**

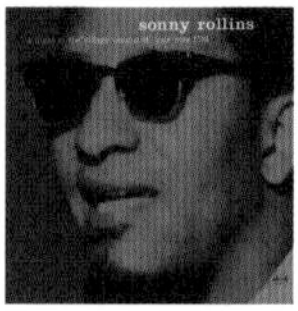


Blue Note 1957年

ジャズで人気のフォーマットのひとつに、自由な演奏ができるという利点を持つピアノレス・トリオ編成があります。その魅力を最大限に活かした演奏です。

# 22 スペイン
## Spain

### チック・コリア最大のヒット＆人気曲

1960年代から活動を開始。1970年代に、ジャズ、ロック、ラテン音楽などを融合させた新たな音楽ジャンルであるフュージョンを生み出す原動力となり、以降、2021年に亡くなる直前まで精力的な演奏活躍を続けたチック・コリア。彼のオリジナル曲は膨大な数にのぼりますが、1972年発表のアルバム『ライト・アズ・ア・フェザー』に収録されたこの曲は、その中でも最大のヒット曲。その躍動的なリズムと哀愁溢れるメロディで、発表と同時に多くのアーティストにカヴァーされるようになりました。彼のトリビュート・コンサートでは必ず演奏される曲です。

おすすめ

**チック・コリア＆リターン・トゥ・フォーエヴァー『ライト・アズ・ア・フェザー』**
Polydor

演奏：チック・コリア（kb）、ジョー・ファレル（ts, fl）、スタンリー・クラーク（b）、アイアート・モレイラ（ds, per）、フローラ・プリム（vo, per）
録音：1972年9月〜10月

前述の通り、同曲の初出は、コリア、ファレル、クラーク、モレイラの４人から成る第１期リターン・トゥ・フォーエヴァーの2nd作。イントロとして、ホアキン・ロドリーゴ作曲の〈アランフェス協奏曲〉第２楽章を用いるアレンジで演奏されており、以降、チック自身だけでなく、カヴァーするアーティストの大多数もこの形を踏襲しています。

**ミシェル・カミロ（p）＆トマティート（g）『スペイン』**

Verve 1999年

ラテン・ジャズ・ピアノの巨匠カミロとフラメンコ・ギターの名手トマティートによるデュオ作品。ジャズとフラメンコが融合した精緻でホットな演奏です。

**熱帯ジャズ楽団『熱帯JAZZ楽団 VII 〜Spain〜』**

JVC 2003年

同曲をもっともエキサイティングな演奏に仕上げているのが、カルロス菅野（per）率いる熱帯ジャズ楽団。日本の腕利きミュージシャンたちがホットなプレイを披露。

**アル・ジャロウ（vo）『ジス・タイム』**

Warner Bros. 1980年

数あるヴォーカル・カヴァー作品でもピカイチなのがこのアルバム。スティーヴ・ガッドらの生み出すゴキゲンなグルーヴをバックにアルが軽やかに歌います。

# 23 ステラ・バイ・スターライト（星影のステラ）
## Stella by Starlight

### じつはホラー映画のタイトル曲

数々のスタンダード曲を生み出している名作曲家ヴィクター・ヤングが、1944年公開のホラー映画『呪いの家』のために作曲。のちにネッド・ワシントンによって歌詞が施され、47年にハリー・ジェイムス楽団、フランク・シナトラらによってヒット。通常のAABA形式と異なる、通作歌曲形式（くり返しがない構成）に近いフォームで書かれているのと、転調がくり返されることによって生み出される独特の雰囲気が、ジャズ・ミュージシャンたちを魅了。チャーリー・パーカー（as）やスタン・ゲッツ（ts）、マイルス・デイヴィス（tp）ら数多くのアーティストが演奏し、たくさんの名演を生み出しています。

おすすめ

**ロバート・グラスパー**
**『カヴァード』**
Blue Note

演奏：ロバート・グラスパー（p）、ヴィセンテ・アーチャー（b）、ダミアン・リード（ds）
録音：2014年12月2日、3日

ヴィセンテ・アーチャー＆ダミアン・リードを擁するグラスパーのアコースティック・トリオが行なったスタジオ・ライヴを収めた作品。〈ステラ～〉は、日本盤には９分近い長時間ヴァージョンが収められています。ほかにもジョニ・ミッチェルやレディオヘッドなど多彩なカヴァー曲を収録。ヒップホップやR&Bテイストの薫るクールな〈ステラ～〉です。

**V.S.O.P. ザ・クインテット**
**『ライヴ・アンダー・ザ・スカイ伝説』**

Sony 1979年

ハービー率いるオールスター・クインテットが田園コロシアムで行なったコンサートのライヴ盤。ハービー（p）とW·ショーター（ss）のデュオによるアンコール演奏。

**アニタ・オデイ（vo）**
**『アニタ・シングス・ザ・モスト』**

Verve 1957年

アニタのちょっとハスキーな声がピーターソン（p）、エリス（g）、ブラウン（b）らのスウィンギーなバック・バンドと見事にマッチ。名曲・名演揃いの楽しいアルバム。

**『ミシェル・ペトルチアーニ（p）& ニールス・ペデルセン（b）』**

Dreyfus 1994年

超絶技巧と豊かな歌心を具えたペトルチアーニ＆ペデルセンの貴重なデュオ・ライヴを収めた作品。テレパシーが行き交うかのようなマジカルな演奏が満載。

# 24 サマータイム
## Summertime

### ジャズを超えて人気のガーシュウィン名曲

アメリカの小説家、エドワード・デュボーズ・ヘイワードが1925年に出版した小説『ポーギー』をもとにして、ジョージ・ガーシュウィンが35年に舞台化させたフォーク・オペラ『ポーギーとベス』の挿入歌のひとつです。この劇作品からは、ほかにも〈マイ・マンズ・ゴーン・ナウ〉〈アイ・ラヴズ・ユー・ポーギー〉などの名曲が生まれていますが、その中でも、この曲は最大の人気スタンダードです。ロックの女王ジャニス・ジョプリンやソウル界の大スター、サム＆デイヴらもカヴァー。ジャズ界でもヴォーカルやインストゥルメンタルの両面で人気です。

おすすめ

**ニーナ・シモン**
**『ニーナ・シモン・アット・タウン・ホール』**
Colpix

演奏：ニーナ・シモン（vo, p）、ジミー・ボンド（b）、アルバート・トゥッティ・ヒース（ds）
録音：1959年9月12日

この曲を楽しむなら、シモンが1959年にNYのタウンホールで行なったコンサートを収録したライヴ盤がベストです。ヴォーカリストとピアニストの両面で素晴らしい才能を発揮する彼女が、豪華リズム陣を従えたピアノ・トリオによる編成で出演。弾き語りとインストゥルメンタルのふたつでスピリチュアルな演奏を聴かせてくれます。

**ハービー・マン**（fl）
**『ヴィレッジ・ゲイトのハービー・マン』**

Atlantic 1962年

フルートの大御所マンがNYのライヴハウスで行なった演奏を収めた実況録音盤。ヴァイブラフォンやパーカッションを導入したクール＆グルーヴィーなサウンド。

**ハービー・ハンコック**（p）
**『ガーシュウィン・ワールド』**

Verve 1998年

ハービーが制作したガーシュウィン作品集にすごい演奏が入っています。ヴォーカルはジョニ・ミッチェル、ソプラノ・サックスはウェイン・ショーターです。

**マイルス・デイヴィス**（tp）
**『ポーギーとベス』**

Columbia 1958年

マイルスがエヴァンス・オーケストラとともに『ポーギーとベス』に挑んだ作品。リリシズム豊かなトランペットとカラフルなオーケストレーションが溢れます。

25

# あなたと夜と音楽と

## You and the Night and the Music

### 歌でも演奏でも料理法は自由自在

アーサー・シュワルツ（作曲）とハワード・ディーツ（作詞）のふたりが書き上げたこの曲は、1934年上演のミュージカル『リヴェンジ・ウィズ・ミュージック』の挿入歌として初めて用いられたほか、53年公開のミュージカル映画『バンド・ワゴン』の中にも登場。その後、ハンプトン・ホウズ（p）のトリオ演奏や、マーティ・ペイチ（p, arr）とアート・ペッパー（as）の共演盤などで次第にジャズ界での人気が広がっていき、かなり知名度の高いスタンダードとなっています。軽快な曲調と含蓄に富んだ歌詞でヴォーカルとインストゥルメンタルの両面で名演の多い曲です。

おすすめ

**キース・ジャレット・トリオ**
**『アット・ザ・ディア・ヘッド・イン』**
ECM

演奏：キース・ジャレット（p）、ゲイリー・ピーコック（b）、ポール・モチアン（ds）
録音：1992年6月

この演奏が収録されたのは、ペンシルヴァニアの片田舎にある小さなライヴハウス。キースが高校生の頃に初めてライヴを行なった思い出の店です。スタンダーズ・トリオやソロ・ピアノで緊張感みなぎる演奏を聴かせることの多いキースですが、そんな懐かしい場所で演奏する彼はとてもリラックスして楽しそうに聞こえます。

**ジュリー・ロンドン**（vo）
**『アラウンド・ミッドナイト』**

Liberty 1960年

魅惑的なハスキー・ヴォイスを持つロンドンが夜のムードをコンセプトにして、フル・オーケストラをバックにして歌う贅沢なアルバム。ジャケットも魅力的。

**フレッド・ハーシュ**（p）
**『フローティング』**

Palmetto Records 2014年

ハーシュ、J・エベール（b）、E・マクファーランド（ds）から成るピアノ・トリオが織り成す自由で美しくしなやかな演奏。現代最高峰のトリオの魅力に触れてください。

**ビル・エヴァンス**（p）
**『インタープレイ』**

Riverside1962年

エヴァンスはこの曲をトリオでたびたび演奏していますが、本作はジム・ホール（g）やフレディ・ハバード（tp）参加の珍しいクインテット演奏。他の曲も名演揃い。

# 第7章

## いつだって現在進行形！

# 21世紀のジャズとジャズマン10

この楽器は？

**ドラムス**

ドラムとシンバルの組み合わせは人それぞれ。その選択も個性の一部といえます。このイラストは基本中の基本セット。

イントロダクション・選・解説：後藤雅洋

Spotifyプレイリストの二次元コードです。12ページ参照。

# ジャズの歴史すべてを取り込んだ「最強音楽」

私は1967年、20歳の時ジャズ喫茶「いーぐる」を開業し、以来半世紀以上ジャズ・シーンの移り変わりを眺めてきました。そのうえで言うのですが、現在は何回目かのジャズ活性期にあたっています。ですから、ジャズに親しむには現代ジャズについて知っていた方が、よりジャズが面白くなるはずです。

現代ジャズは表面的にはマイルス・デイヴィス、ジョン・コルトレーンなど、よく知られたジャズマンたちの音楽とはかなり趣を異にしています。しかし「本質的部分」では、律義なほどルイ・アームストロングが切り拓いた道筋を踏襲し、ジャズの伝統は維持されているのですね。それをひとことで表わせば「自己表現とポピュラリティの両立」ということになるでしょう。

日本で広くジャズが聴かれるようになったのは、60年代から70年代にかけ「ジャズ喫茶」が全国に数多く誕生した時期と一致しています。日本のファンはジャズ喫茶を起点としてジャズに親しんできたのです。そうした歴史もあるので、どうしてもファンの「ジャズ観」はその時代の感覚をいまだに引きずっているようです。もちろん当時のジャズだって「ジャズ史の伝統」に連なっていたのですが、若干注意すべきポイントがあるのです。

それはルイが開発した「自己表現」の手段についてです。元祖ルイは、それを「人間味」のあるトランペットの音色や独特のダミ声で表現することでポピュラリティを得ました。まさに「大衆芸能音楽としてのジャズ」です。その後、天才的アルト・サックス奏者チャーリー・パーカーの出現によって、「即興の高度化」という強力な手段が自己表現のツールとして開拓されました。結果として、〝ジャズ〟に「芸術性」と言ってもいい要素が付け加わったのです。いわゆる「モダン・ジャズの時代」はパーカーによって始まったのです。

**ジャズの全歴史とさまざまな音楽が融合**

**「最強音楽」21世紀ジャズ**

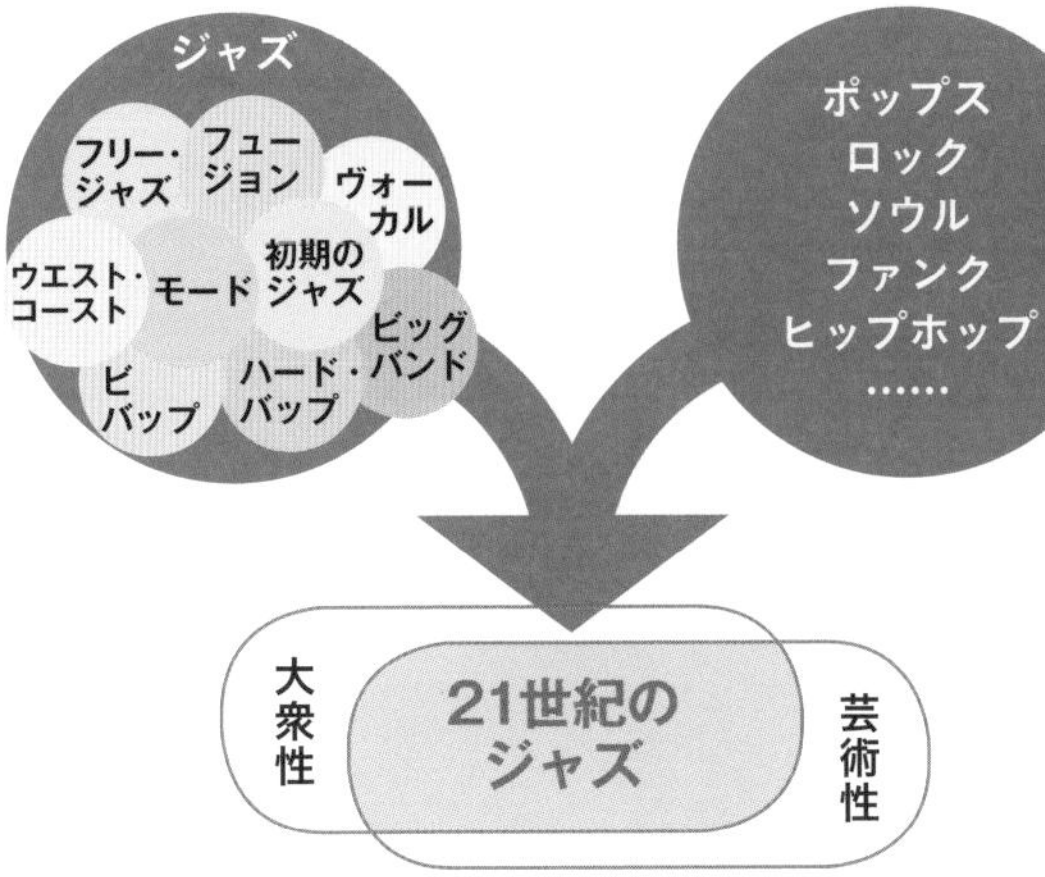


つまり当時の「ジャズ喫茶文化」は、「モダン・ジャズ文化」でもあったのですね。これを言い換えれば「自己表現の手段が相対的に芸術方面に傾いた時期」とも言えるのです。難解な〝フリー・ジャズ〟の登場は、こうした時代の空気を反映しているのですね。結果として、「ちょっと高尚な音楽としてのジャズ」のイメージが広がり、だからこそ挑戦しようという層と、「ハードルの高さ」ゆえ敬遠してしまう一般音楽ファンに分かれたように思えるのです。

現代ジャズはその「揺り戻し」とも言えるスパンに入っており、「ポピュラリティを恐れない自己表現派」とでも言うべき魅力的なジャズ・ミュージシャンたちが輩出しています。後述するテナー奏者、カマシ・ワシントンやピアノ&キーボード奏者、ロバート・グラスパーなどがその代表でしょう。

また、かつては見えにくかったもうひとつの画期的要素も、現代ジャズは具えるようになりました。それは「世界音楽としてのジャズ」という極めて重要な要素です。ジャズが世界中のさまざまな音楽要素を巧みに取り入れ、それを「ジャズ化」してしまっているのですね。近年私は「ジャズ最強音楽説」なるものを提唱しているのですが、それはこうした現象がきっかけとなっているのです。たとえばジャズがロック的要素を導入した場合、「ジャズの表現領域が広まった」と受け取られることはあっても、「ロックの範囲が広がった」というような感想はあまり目にすることがない。ジャズは果敢に世界中の音楽を取り入れつつ、それを消化吸収してしまう「したたかな音楽」でもあったのです。実をいうとその要因は、ジャズ誕生の時から秘めていた「混合・融合音楽としてのジャズ」という出自にあるのですが、その歴史が現代ジャズによって大きく花開いているのです。

01

# カマシ・ワシントン

## 熱ささえも冷静にコントロールする統率力

*Kamasi Washington*
『ヘヴン・アンド・アース』

Beat Records/
Young Turks

おすすめ曲〈フィスト・オブ・フューリー〉

演奏:カマシ・ワシントン(ts, arr)、パトリース・クイン(vo)、ドゥワイト・トリブル(vo)、キャメロン・グレイヴス(p)、ブランドン・コールマン(kb)、マイルス・モーズリー(b)、トニー・オースチン(ds)、ロナルド・ブルーナー・ジュニア(ds)、ほか
発表:2018年

アメリカ西海岸出身のテナー・サックス奏者、カマシ・ワシントン(1981〜)は、どなたにもお薦めできる現代ジャズを代表するミュージシャンと言っていいでしょう。現代ジャズの特徴として個性表現とポピュラリティの両立を挙げましたが、彼は躍動感溢れる魅力的なアレンジで、キャッチーな楽曲をヴォーカリストに歌わせるという手法で見事その目的を果たしています。

おすすめ曲〈フィスト・オブ・フューリー〉は、なんとブルース・リー主演の映画『ドラゴン怒りの鉄拳』の主題歌。もちろんカマシのテナーも極めてパワフルで、一聴して彼とわかるウネウネと脈打つような「カマシ節」で一気に聴き手の気持ちを惹きつけます。興味深いのは、絶叫しているようでも、よく聴くとフレージングを冷静にコントロールしており、このあたりがクールで現代的。コーラス隊を含む大編成バンドを意のままに操り、カマシ・ワールドを構築する統率テクニックも実に見事。私は彼の登場で21世紀のジャズ・シーンの活性化を実感したのです。

## 02 ロバート・グラスパー（R+R=NOW）

*Robert Glasper (R+R=NOW)*

『R + R = NOW LIVE』

Blue Note

おすすめ曲〈チェンジ・オブ・トーン〉

演奏：クリスチャン・スコット・アトゥンデ・アジュアー（tp）、ロバート・グラスパー（p, kb）、テラス・マーティン（kb, vo, sax）、テイラー・マクファーリン（kb）、デリック・ホッジ（b）、ジャスティン・タイソン（ds）、オマリ・ハードウィック（spoken words）
録音：2018年

### 現代ジャズのスーパー・セッション

現代ジャズ活性化の陰の仕掛け人とも言えるのが、ピアノ、キーボード奏者、ロバート・グラスパー（1978〜）です。彼はハービー・ハンコックの影響を受けたピアニストでしたが、アルバム『ブラック・レディオ』でコルトレーンの名演で知られる〈アフロ・ブルー〉をネオ・ソウルの人気歌手エリカ・バドゥに歌わせ、幅広い音楽ファン層の注目を集めました。彼はジャズの復権のため、あえてポピュラーな手法をとったと発言しています。

そのうえでグラスパーは徐々に彼らの興味をジャズに誘導し、有望なミュージシャンたちを集めたスーパー・チーム「R+R=NOW」をオーガナイズしたのです。

このライヴ・アルバムは注目のトランペッター、クリスチャン・スコットはじめ、シンセサイザーのテラス・マーティン、テイラー・マクファーリン、そしてドラムスのジャスティン・タイソンといった選り抜きの現代ジャズ・プレイヤーたちが自由奔放にふるまいつつ、ジャジーなムードを醸しだしている、現代ジャズの名演と言っていいでしょう。

# 03 ダニー・マッキャスリン

## D《デヴィッド》・ボウイの最新サウンドを作った逸材

*Donny McCaslin*
**『ビヨンド・ナウ』**

Agate

おすすめ曲〈シャーク・ルース〉

演奏：ダニー・マッキャスリン（ts, fl, cla）、ジェイソン・リンドナー（kb）、ティム・ルフェーヴル（b）、マーク・ジュリアナ（ds）、ジェフ・テイラー（vo）、デヴィッド・ビニー（kb, vo）、ネイト・ウッド（g）
録音：2016年４月

比較的地味な印象だったテナー奏者ダニー・マッキャスリンは、突然の死が惜しまれたデヴィッド・ボウイの遺作『ブラックスター』のバック・バンドを務めたことで注目されました。『ビヨンド・ナウ』はジェイソン・リンドナー、マーク・ジュリアナ、ティム・ルフェーヴルなど、その時のメンバーと重なり、デヴィッド・ボウイの楽曲も演奏していることもあって、サウンドは『ブラックスター』の最新ジャズ版といった感じです。

思い出せば、ずいぶん昔にニューヨークの「55バー」で若き日のダニー・マッキャスリンの演奏を聴いたことがあるのですが、以来この人の進化は凄まじいものがあります。最近来日公演を観ましたが、存在感が大きくなっているのに驚かされました。ごく大ざっぱに言えば、マイケル・ブレッカーの影響を受けていると言えるのでしょうが、斬新なリズム、サウンド・コンポジションによって、まさしく「現代のジャズ」となっており、そこも含め、完全にオリジナリティを確立させたと言っていいでしょう。

# 04

# ブラッド・メルドー

## 現代ジャズ＋クラシック音楽

*Brad Mehldau*

**『ファインディング・ガブリエル』**

Nonesuch

**おすすめ曲〈ザ・ガーデン〉**

演奏：ブラッド・メルドー（p, kb, voice）、アンブローズ・アキンムシーレ（tp）、マイケル・トーマス（fl, as）、チャールズ・ピロー（sax, cl）、ジョエル・フラーム（ts）、クリス・チーク（ts, bs）、マーク・ジュリアナ（ds）、ベッカ・スティーヴンス（vo）、ガブリエル・カハネ（voice）
発表：2019年

ジャズという音楽の貪欲さを示した現代ジャズ特有の試みが、ブラッド・メルドーの『ファインディング・ガブリエル』です。ヨーロッパの教会音楽を思わせるクラシック風コーラスを多用したユニークな世界観の提示が興味深く、これは聖書にインスパイアされたことが大きいようです。冒頭に収録された楽曲〈ザ・ガーデン〉では、メルドーの演奏するシンセ・サウンドに導かれた敬虔な気分を醸しだすコーラスがこの作品の宗教的テーマを暗示するのですが、それを後ろから煽り立てるマーク・ジュリアナの攻撃的とも思えるドラミングと、話題の新人アンブローズ・アキンムシーレの気合の入ったトランペット・ソロがあっという間に聴き手を〝ジャズ〟の世界へと引き戻すのです。

この作品が興味深いのは、単に「クラシック的」というに留まらず、「ヴォーカル、コーラスの多用」という典型的な現代ジャズ要素も含んでおり、またジャズという音楽の主要な特徴とされてきた「リズム」が現代においては格段に進化していることも示しているところです。

05

# マリア・シュナイダー

*Maria Schneider*

## 『コンサート・イン・ザ・ガーデン』

ArtistShare

おすすめ曲〈3つのロマンス：チョロ・ダンサド〉

演奏：マリア・シュナイダー（arr, con）、チャールズ・ピロー、ティム・リーズ、リッチ・ペリー、ダニー・マッキャスリン、スコット・ロビンソン（以上sax）、トニー・カドレック、グレッグ・ギスバート、ローリー・フリンク、イングリッド・ジェンセン（以上tp）、キース・オークイン、ロック・シッカローン、ラリー・ファレル、ジョージ・フリン（以上tb）、ベン・モンダー（g）、フランク・キンブロー（p）、ジェイ・アンダーソン（b）、クレランス・ペン（ds）ほか　録音：2004年3月8～11日

## ビッグバンドのイメージをアップデート

「ラージ・アンサンブル」という用語が広まったのは、マリア・シュナイダーの音楽がビッグバンドという呼称がイメージするサウンドを刷新するものだったからでしょう。私が彼女に注目したのは2004年に録音された『コンサート・イン・ザ・ガーデン』でした。冒頭のタイトル曲では、ゲイリー・ヴェルサーチによるアコーディオンの柔らかなサウンドによる哀愁を帯びたエスニックな旋律に続き、ルシアナ・ソウザの効果的なヴォイスが、聴き手をあたかも天上の楽園を思わせるような世界に誘います。興味深いのは2曲目のソウザのヴォイスをフィーチャーした〈3つのロマンス：チョロ・ダンサド〉です。アルバムのテーマでもあるラテン的風土を思わせつつ、同時にクラシックの教会音楽を連想させる敬虔さが感じられるのです。しかしそうしたパートに連なるサックス・ソロは、完全にジャズ的表現なのですね。

　このアルバムはジャズがエスニックな要素、クラシカルな表現を取り入れることによってジャズの表現領域を広げた成功例と言えるでしょう。

# 06

# 挟《はざ》間《ま》美帆

## セロニアス・モンクを21世紀の解釈でアレンジ

*Miho Hazama*

『ザ・モンク：ライヴ・アット・ビムハウス』

Verve

おすすめ曲〈13日の金曜日〉

演奏：挟間美帆（arr, cond）、メトロポール・オーケストラ・ビッグバンド
録音：2017年10月13日

即興中心主義の見直しとして作・編曲への関心が高まり、その流れの中で改めてビッグバンド・ジャズが注目を浴びています。挟間美帆によるセロニアス・モンクへのトリビュート作品『ザ・モンク：ライヴ・アット・ビムハウス』は、彼女のアレンジャーとしての才能が発揮された傑作です。何と言っても発想がユニークで〈13日の金曜日〉のギターを中心にしたアレンジなど、今まで聴いたことがない斬新さです。聴きどころはなんといってもバンド・サウンドの多彩さとソロイストの魅力を際立たせる編曲の妙でしょう。

加えて挟間の巧いところは、聴き手の気持ちを充分にくみ取り、的確にキャッチーな聴きどころを用意する周到さです。まさにポピュラリティと自己表現の両立が果たされているのですね。演奏するメトロポール・オーケストラ・ビッグバンドは1945年にオランダで結成された伝統のあるオーケストラで、ジャズのビッグバンドに弦楽セクションが加わった大編成から繰り出されるサウンドは圧倒的です。

07

# カート・ローゼンウィンケル

## エスニック音楽をジャズに融合

*Kurt Rosenwinkel*

**『カイピ』**

Song X Jazz

**おすすめ曲〈ホールド・オン〉**

演奏:カート・ローゼンウィンケル（g, b, p, ds, per, voice)、マーク・ターナー（ts)、ペドロ・マルティンス（ds, kb, per,voice)、アレックス・コズミディ（g)、ベン・ストリート（b)、アンディ・ハベール（ds)、キラ・ギャレー、アントニオ・ロウレイロ、アマンダ・ブレッカー（以上voice)、ゲスト：エリック・クラプトン（g）ほか　発表：2017年

現代ジャズの特徴のひとつに、エスニック・テイストの導入があります。『カイピ』はブラジル、ミナス地方で生まれた「ミナス派」の音楽の影響を強く感じさせますが、数年かけ多重録音を重ねたというだけあって、カートの音楽性が明瞭に表われている傑作です。近年ワールド・ミュージック・ファンの間で話題になっている「ミナス派」のミュージシャンたちによる音楽は、非常に知的で繊細。

カートは、彼らの音楽が持つサウンドの斬新な響きを実にうまい具合に「ジャズ」に移入しているのです。つまり身に纏う衣装はミナス・テイストですが、結果として出てきた音はジャズ以外の何物でもない、まさに「融合音楽としてのジャズの強み」を実感させてくれる傑作です。

ちなみにこのアルバムも、現代ジャズの大きな特徴であるヴォーカルが重要な要素となっており、とりわけ〈ホールド・オン〉の豊かなエスニック・テイストを感じさせる旋律は、聴き手の心を捉えて離しません。

# 08 ゴーゴー・ペンギン

## エレクトロニカ・サウンドを「人力」で表現

*GoGo Penguin*
**『マン・メイド・オブジェクト』**

Blue Note

**おすすめ曲〈オール・レス〉**

演奏：ゴーゴー・ペンギン［クリス・アイリングワース（p）、ニック・ブラッカ（b）、ロブ・ターナー（ds）］
録音：2015年３月～４月

ジャズの「世界音楽化」にはふたつの側面があります。世界中の音楽を取り入れジャズ化することと共に、アメリカ以外のミュージシャンの活躍です。中でも近年、イギリス出身のミュージシャンたちのユニークな活動がシーン活性化に大きな役割を果たしています。

その動きが最初にファンの眼にとまったのがマンチェスター出身のピアノ・トリオ「ゴーゴー・ペンギン」でした。まったくのアコースティック編成なのに、あたかもエレクトロニカ・ミュージックを聴いているような錯覚を起こすのは、ロブ・ターナーの「人力ドラムン・ベース」と言われた圧倒的なドラミング・テクニックに乗った、サンプリングのループを思わせるようなクリス・アイリングワースのピアノのユニークさです。そして演奏をしっかりとひとつに纏め上げているニック・ブラッカのベースが、このチームの音楽を軽々しいものにしていないのですね。彼らの存在は、ジャズが他の音楽要素を果敢に取り入れることで、いかようにも発展・変容していくことを示しているのです。

## 09 シャバカ・ハッチングス (Sons of Kemet)

*Shabaka Hutchings (Sons of Kemet)*

**『ユア・クイーン・イズ・ア・レプタイル』**

Impulse

おすすめ曲〈マイ・クイーン・イズ・ハリエット・タブマン〉

演奏：シャバカ・ハッチングス（ts）、テオン・クロス（tuba）、トム・スキナー、セブ・ロシュフォード（以上ds）　ゲスト：コンゴ・ナッティ、ジョシュア・アイデヘン（以上mc）、エディ・ヒック、モーゼス・ボイド、マクスウェル・ハレット（以上ds）、ピート・ウェアハム、ヌバイア・ガルシア（以上ts）　発表：2018年

### ジャマイカ出身、ロンドン発エスニック

現在UKジャズがジャズ・シーンにおいて存在感を示しつつあります。その理由として、イギリスはアメリカと違って音楽ジャンルによる「住み分け」が厳格ではないという歴史が影響しているようです。また、カリブ海に植民地を持っていたことから、アフリカ系のミュージシャンも数多く活動しているのですね。混交融合音楽としてのジャズに活力をもたらす歴史的条件が整っているのです。

ロンドンで活動するジャマイカ出身のアフリカ系テナー・サックス奏者、シャバカ・ハッチングス率いるグループ「サンズ・オブ・ケメット」の『ユア・クイーン・イズ・ア・レプタイル』は、ユニークな楽器編成から繰り出されるエスニックなテイストが魅力です。〈マイ・クィーン・イズ・ハリエット・タブマン〉はシャバカのテナーを支えるチューバにツイン・ドラムスが絡む重厚なサウンドが、音楽に骨太な力強さを与えています。彼はほかにも複数のユニットで活動していますが、これもUKシーンの奥深さを象徴しているようです。

10

# マティアス・アイク

## ノルウェー発。心に沁みる北欧の郷愁感

*Mathias Eick*

『ミッドウェスト』

ECM

おすすめ曲〈ミッドウェスト〉

演奏：マティアス・アイク（tp)、イエルムンド・ラーセン（vln)、ヨン・バルケ（p)、マッツ・アイレットセン（b)、ヘルゲ・ノールバッケン（per)
録音：2014年5月11日～13日

ＥＣＭレーベルが紹介する北欧圏を含むヨーロッパのジャズは、常にシーンに一定の影響を与えてきました。しかし、「ポピュラリティ」という点では若干留保が付く作品も多かったように思います。マニア志向が強いのですね。その点、このノルウェーのトランペッター、マティアス・アイクによる『ミッドウェスト』は、音楽的なクオリティと良質なポピュラリティが共存しています。いかにも北欧を思わせる透明感に満ちたトランペットを、斬新かつ効果的なヴァイオリン・サウンドが支える郷愁感を誘うメロディ・ラインが素晴らしい。

タイトル曲冒頭のピアノの旋律も心に沁み、店で選曲する際もついこのアルバムに手が伸びてしまうのは、やはり内容が良いからとしか言いようがありません。この作品も、エスニックなテイストと斬新な楽器の使用法によって、ジャズに新たな表現が加わった好例と言えるでしょう。そしてもちろん、抑制された極めて穏やかな音色ながら、マティアスのトランペットからは明確な個性が聴き取れるのです。

コラム

# 早わかり日本のジャズ史〈2〉

## 戦争が終わり、一大ジャズ・ブームが始まった

（118ページより続く）

日本が無条件降伏して太平洋戦争が終結したのは、昭和20年（1945）8月15日のことです。終戦の3日後、18日には、日本政府は占領軍に娯楽を提供するための機関「特殊慰安施設協会」の設立を準備し始めたのでした。戦前からのジャズメン、軍楽隊出身の人たちなどがバンドを結成して米軍キャンプを回り、娯楽に飢えた日本人たちもジャズを聴くようになり、昭和28年ごろには「ジョージ川口とビッグ・フォー」をはじめとするジャズ・バンドがスターとなる、空前のジャズ・ブームが巻き起こったのでした。このころから活躍している現役ミュージシャンに、穐吉《あきよし》敏子（ピアノ）や渡辺貞夫（アルト・サックス）がいます。

次のジャズ・ブームは昭和34年ごろに始まる「ファンキー・ブーム」です。アート・ブレイキー（ドラムス）やホレス・シルヴァー（ピアノ）などの黒人色が強いジャズが大流行し、そのブームは昭和36年1月の、アート・ブレイキーとジャズ・メッセンジャーズの来日公演でピークに達しました。山下洋輔（ピアノ）、日野皓正《てるまさ》（トランペット）、佐藤允彦《まさひこ》（ピアノ）などがデビューしたのも、1960年代初めのことでした。

62年にボストンのバークリー音楽院に留学した渡辺貞夫は65年11月に帰国後、バークリーで学んだ音楽理論を教える講座を開き、それまで見様見真似でジャズを演奏していたミュージシャンたちに「理論的根拠」を与えました。

アメリカのジャズの動きと連動しつつ、60年代以降の日本ジャズは、多様な才能がさまざまな成果を挙げて発展していきます。破壊力抜群のフリー・ジャズで世界に衝撃を与えた山下洋輔トリオ、70年代後半のフュージョン・ブームに乗って人気を博した渡辺貞夫、日野皓正、ネイティヴ・サン、フュージョン・ブーム期に大学生バンドとしてデビューしたカシオペアやT-スクェア、80年代の正統派ジャズの復活に共振した小曽根真（ピアノ）、大西順子（ピアノ）、大坂昌彦（ドラムス）などの面々、ジャンルレスの特異な世界を切り開いた大友良英（ギター他）や菊地成孔《なるよし》（サックス他）……。

そして現在、ジャズ・シーンでもっとも生きのいいミュージシャンは、上原ひろみ（ピアノ）や挾間《はざま》美帆（作編曲）といった70年代末から80年代生まれ、そして石若駿《しゅん》（ドラムス）、井上銘《めい》（ギター）、松丸契《けい》（サックス）など90年代生まれの人々です。これからの日本ジャズは、今まで以上にボーダーレスになっていき、世界各地のミュージシャンたちとごく自然に共演する、ということが当たり前になるでしょう。その成果を待ちながら、令和の時代のジャズを楽しみましょう。

〈村井康司〉

# 第8章

## さあジャズを聴きに行こう！

# 全国おすすめジャズ喫茶＆ライヴハウスガイド

この楽器は？

**ギター**

ジャズではふくよかな音が好まれ、この箱型のタイプが多く使われます。生でも音が出ますが、通常はアンプで増幅します。

ジャズ喫茶編〈イントロダクション・紹介・撮影〉：楠瀬克昌
ライヴハウス編〈イントロダクション・紹介・撮影〉：長門竜也

# 《ジャズ喫茶編》思い思いに、自由にジャズを楽しむ空間

ジャズ喫茶とは、珈琲を飲みながらレコードを聴くことのできる喫茶店です。そして一般家庭にはない高性能なオーディオ装置と豊富なレコード・コレクションを備えています。ジャズ初心者にはハードルが高いと敬遠されがちですが、普通の喫茶店と同じように店内に入ってメニューにあるものを注文するだけで、それ以上のことは特に何も起こりません。他の喫茶店と大きく異なる点は、話し声を小さくして静かに過ごすということです。有名な「会話禁止」ルールの店は、いま全国にある約600店のジャズ喫茶の中の5、6軒程度とわずかで、ほとんどのジャズ喫茶で会話はできます。しかし、大きな声を出す客や騒がしい客は店からも他の客からも迷惑な存在となります。それはジャズ喫茶とは本来ジャズ鑑賞を目的とする場所であるからで、それが「ジャズ喫茶は日本独自の文化」と言われるゆえんでもあります。

ジャズ喫茶の歴史は1929年（昭和4年）に東京に生まれたのが始まりで、1935年（昭和10年）頃から銀座とその周辺にたくさんオープンします。当時のジャズ喫茶は高級志向が強く、客は西洋文化を好む富裕層で、ゴージャスなイヴニングドレスを着た女性従業員が給仕する店もありました。各店が海外直輸入の蓄音機の性能とレコード・コレクションの新しさ、豊富さを競いました。第二次世界大戦によりこれらのジャズ喫茶は消滅しますが、戦後まもなく大衆的なジャズ鑑賞店として息を吹き返します。

そして1961年のアート・ブレイキー&ザ・ジャズ・メッセンジャーズの来日公演をきっかけに日本全国に巻き起こったモダン・ジャズ・ブームとともにジャズ喫茶は全盛期を迎えます。客のほとんどが10代から20代の裕福ではない若年層でした。当時のレコードやオーディオは大変高価だったので、珈琲一杯でそれが楽しめるジャズ喫茶は大人気となりました。この頃に「会話禁止」ルールも生まれました。話し声がうるさ

いことで客同士の喧嘩が起きることを防ぐために考案されたものでした。それだけジャズが真剣に聴かれた時代でもあったのです。

　ジャズ喫茶人気を支えた代表的なサービスがリクエスト・システムです。かけてもらえるのはレコードの片面だけで、〈A面〉〈B面〉など希望の面を聴かせてもらえます。CDの場合だとレコード片面の再生時間分（約20分）をかけてもらえます。1曲のみのリクエストは通常はしません。リクエスト方法は、以前はリクエストカードに書き込むシステムでしたが、今は口頭でスタッフに伝えるのがほとんどです。ただ、昔のジャズ喫茶はどの店もリクエストに応じていましたが、最近はそれをやめた店も増えています。

　今は家でもどこでもジャズを聴くことができます。スマートフォンでも高品質なサウンドを楽しむことができますし、ストリーミングサービスで膨大な音楽カタログからいつでも自由に聴きたい楽曲を取り出すことができます。このような時代に、わざわざジャズ喫茶でジャズを聴くことにどんな魅力があるのでしょうか。それは、ジャズ喫茶でのジャズ体験は私たちの日常を超える豊かさに溢れているからです。

　ジャズやオーディオに詳しくなければ楽しめないのかというと、そんなことはありません。ジャズ喫茶の雰囲気や空間が好きだからという理由だけで来る客もたくさんいます。多くのジャズ喫茶店主は「客が気分良く過ごすことができればそれでいい」としているようです。本を読むなり、考えごとに耽るのも自由です。慌ただしい日常から解放された空間でそれぞれが自分のやり方で自分の時間を楽しむことができる場所、それがジャズ喫茶の一番の魅力です。ジャズ喫茶に一度足を運んでいただけたら、きっとそれが実感できるでしょう。

# Jamaica（北海道札幌市）

**Jamaica ジャマイカ**

北海道札幌市中央区南３条西５三条美松ビル4F
TEL 011-251-8412
営業時間
13:00 ～ 23:45
定休日　日曜
全席喫煙可

18:00以降は
テーブルチャージ300円

創業1961年、全国でも屈指の歴史を誇る名店です。ジャズ喫茶のスピーカーで最も多いのはJBLというアメリカのメーカーの製品ですが、そのJBLが1950年代に生み出した最高傑作と言われる伝説の銘機「パラゴン」の豊穣で格調高いサウンドをこの店で体験するだけでも値打ちがあります。スピーカー以外の機器も超弩《ド》級のものばかり。所蔵レコードは約2万枚。札幌の繁華街ススキノの一角にあり、創業者の樋口重光さんが亡くなった後も樋口ムツ夫人とスタッフが「正統派ジャズ喫茶」の伝統を守り、モダン・ジャズ全盛期の名盤を中心に芯のある力強いジャズを鳴らし続けています。常連も初めての客も分け隔てしない丁寧で温かい接客も人気の秘密。

おすすめジャズ喫茶②

# Jazz Kissa Basie（岩手県一関市）

1970年の創業以来「日本でいちばん音のいいジャズ喫茶」として国内外から絶大な支持を集めています。店名の由来はアメリカのカウント・ベイシー楽団からですが、大編成のビッグ・バンドがまるで目の前で演奏しているかのようなリアルで立体感のあるサウンドは他の追随を許しません。開店以来使い続けているJBLのスピーカーとアンプは菅原正二マスターが毎日調整を重ねているもので、マスター自身の耳と経験に基づく超人的な作業がこの空前絶後のオーディオ空間を生みました。選ばれるレコードはジャズの王道をゆく名盤や人気盤が多く、初心者にはうってつけです。コロナ禍により2020年3月から2022年秋現在まで休業中ですが復活を望む声が高まっています。

**Jazz Kissa Basie**
**ベイシー〈現在休業中〉**

岩手県一関市地主町7-17
TEL 0191-23-7331
営業時間
14:00頃～ 19:00-20:00頃
定休日　火、水
全席喫煙可

# Count（宮城県仙台市）

**Count　カウント**

宮城県仙台市青葉区
一番町4-5-42
TEL 022-263-0238
営業時間
14:00 ～ 23:00
定休日　日曜
全席喫煙可
リクエスト可

JBLと共にジャズ喫茶で最も多く使われるスピーカー、アルテックのサウンドを極めた名店。50年代から60年代のモダン・ジャズの響きは絶品です。岩手県一関市の「ベイシー」が創業した翌年の1971年に、大学を卒業したばかりの朴沢《ほうざわ》伸夫さんが宮城県仙台市の繁華街に開業しました。「ベイシー」に毎週通っているうちに自身もジャズ喫茶を始めたくなり、「ベイシー」の菅原マスターから「お前の店は〈カウント〉で」と名づけられて背中を押されたそうです。創業以来51年間、オーディオも内装もほとんど変わらず、全盛期のジャズ喫茶の姿をそのまま今に伝える硬派な店ですが、現在は会話禁止ではなく、初めての客でも安心して過ごせる懐の深さがあります。

おすすめジャズ喫茶④

# DUG（東京都新宿区）

日本でいちばん有名なジャズ喫茶です。1961年に新宿にオープンした「DIG」は若者たちに圧倒的に支持され、同店の「会話禁止」ルールも全国に広まりましたが、その6年後に「DIG」とは対照的な「ジャズを聴きながら会話もできる文化的なサロンにしたい」との中平穂積オーナーの念願を実現させたのが「DUG」です。村上春樹の小説『ノルウェイの森』に登場することで知られていますが、村上がかつて経営していたジャズ喫茶「ピーター・キャット」も「DUG」を手本としたそうです。打ち合わせ中のマスコミや映画、演劇関係者たち、近くの紀伊國屋書店で買った本を読み耽る人、独り静かにジャズに聴き入る人など、それぞれが思い思いの時間を過ごせる自由な雰囲気が魅力。

**DUG　ダグ**

東京都新宿区新宿3-15-12
TEL 03-3354-7776
営業時間 12:00～23:30
定休日　無休
分煙
リクエスト可

18:30からのbar timeは
テーブルチャージ500円

# いーぐる（東京都新宿区）

**いーぐる**

東京都新宿区四谷1-8
ホリナカビルB１
TEL 03-3357-9857
営業時間
11:30 ～ 23:20（月～金）
12:00 ～ 23:20（土）
定休日　日曜、祝日
全席禁煙
リクエスト不可

11:30 ～ 18:00までは
会話禁止

「ジャズ喫茶はジャズとジャズ・ファンをつなぐプロであるべき」という信念のもとに1967年以来50数年営業を続けているこの店ほどジャズ初心者にうってつけの店はないでしょう。50席のゆったりとした空間、オーディオ環境として十分な広さを生かした大音量と高品質なサウンドで一般家庭では決して味わえないジャズの醍醐味を体験できます。移転後の1973年以来内装に大きな変更はありませんが、最新録音にも対応できるようにオーディオ機器はアップデートを続けています。ジャズ評論家として多くの著作のある後藤雅洋マスターが選ぶジャズは入門的名盤からマニア好みのものや最先端の新譜まで偏りがなく、他店にはないバランスの良い選曲がこの店の信条です。

# Down Beat（神奈川県横浜市）

1956年に横浜・野毛に開店してから現在の吉久修平さんでマスターは3代目になります。天井や壁の至るところに昔の雑誌の表紙や記事が貼り巡らされ、JAZZ ARTとして名高い久保幸造が若き日に描いたジャズ・ミュージシャンの肖像画が数点飾られた店内は昭和の雰囲気が色濃く漂っています。大音量で流されるスピーカー前のソファー・スペースでじっくりとジャズ観賞、店内奥の細長いカウンターで会話を楽しんでください。約4500枚のレコード・コレクションは代々受け継がれてきた50～70年代のものが中心ですが、これに37歳の若いマスターが選ぶ現代ジャズが加えられ、ジャズ喫茶の伝統の味わいと最新トレンドが絶妙にブレンドされた空間になっています。

**Down Beat ダウンビート**

神奈川県横浜市中区花咲町
1-43　宮本ビル2F
TEL 045-241-6167
営業時間　16:00 ～ 23:30
定休日　月曜
喫煙可
リクエスト可

# Jazz Spot YAMATOYA（京都府京都市）

**Jazz Spot YAMATOYA**

京都府京都市左京区熊野神社
交差点東入ル２筋目下ル
TEL 075-761-7685
営業時間 12:00 ～ 22:00
定休日 水、第2木曜
全席禁煙
リクエスト可

19時から
アルコールチャージ600円
ソフトドリンクはチャージなし

1970年創業、京都を代表するジャズ喫茶です。稀少な英国ヴァイタボックス社のスピーカー、ウィリアム・モリスのひな菊をあしらった壁紙、京都の伝統を感じさせる朱色のカウンター、ロイヤル・コペンハーゲンやウェッジウッドのカップ、バカラのグラス……。名店の落ち着きと風格を愛してやまない客が国内外から訪れます。渡辺貞夫をはじめミュージシャンとの交流も深く、セシル・テイラーやチック・コリアといったレジェンドがこの店のピアノを弾きました。81歳の熊代忠文マスターは今も大阪のレコード屋に出向いて新譜をチェックして購入しています。マスターが時間をかけて丁寧に淹れた珈琲でジャズを楽しむひとときは格別な思い出になるでしょう。

# Dear Lord（大阪府大阪市）

新大阪駅からJRで放出《はなてん》駅まで約15分、駅から見える雑居ビル4階にあるこの店は、今では大阪では数少ない、昼から営業しているジャズ喫茶です。2011年に創業した酒井久代さんは、大学時代に京都のジャズ喫茶でアルバイトをしていて、結婚して大阪に帰り、子育てもひと段落してまたジャズ喫茶通いをしようかと思ったところ近所にジャズ喫茶がないことに気づき、自分でやろうと思いたったそうです。楽ではないジャズ喫茶経営を意地と執念で乗り越えて11年目を迎えました。50年代から現代までの主流派ジャズのレコードとCDが約2000枚。じっくりと聴いてもらうためにスピーカーと対峙するよう配置された椅子。ジャズ鑑賞のための正統派ジャズ喫茶です。

**Dear Lord ディアロード**

大阪府大阪市鶴見区放出東3-20-21東大阪リビングセンター４F
TEL 090-8141-7309
営業時間　13:00 ～ 19:00
定休日　月、水、第5土日
全席禁煙
リクエスト可

# おすすめジャズ喫茶⑨ Jazz & Coffee M&M（兵庫県神戸市）

**Jazz & Coffee M&M**

兵庫県神戸市中央区栄町通2-7-3
TEL 078-393-0788
営業時間　11:00 ～ 22:00
定休日　不定休（Twitter、Instagramなど SNSで告知あり）
全席禁煙
リクエスト不可

神戸の観光スポット、南京町西《なんきんまちせい》安門《あんもん》近くに１９９７年に創業したこの店は、２０１２年に店主の池之上緋紗子さんが急逝、その直後に常連だった桶口優さんが会社を辞めて店を引き継ぎます。大学生だった桶口さんがこの店に通い始めて10年目でした。譲渡されたレコード約１５００枚が今は約３０００枚になりました。できる限りオリジナル盤にこだわっています。そして引き継いで10年目の22年11月からスピーカーをＪＢＬからアルテックＡ７に替えました。かつてはジャズ喫茶の定番スピーカーでしたが今は京阪神でこれを使っている店はほとんどありません。「ジャズ喫茶という日本独自の文化を守りたい」という桶口さんが店のメインとしてこだわるのは50～60年代のモダン・ジャズです。

# おすすめジャズ喫茶⑩ Modern Jazz & Coffee JAB（福岡県福岡市）

**Modern Jazz & Coffee**
**JAB　ジャブ**

福岡県福岡市中央区渡辺通
5-2-13
TEL 092-712-7413
営業時間 12:00 ~ 23:00
定休日　日曜
全席喫煙可
リクエスト可

個性豊かな店が今も数多く残る〈ジャズ喫茶王国九州〉の代表的名店が福岡市の繁華街天神の「ＪＡＢ（ジャブ）」です。店名の由来は1971年にこの店を開いた創業者羽生勇之助さんの「ハブ」と「ＪＡＺＺ」を掛け合わせたものだそうです。現マスターの秋葉勝さんは2代目。昼間からの営業を守り続けている正統派ジャズ喫茶で貫禄のある店構えですが、店内に入ると堅苦しさの一切ない、リラックスした雰囲気が絶大な人気の秘密でしょう。かけるジャズもアグレッシブなものやエキセントリックなものよりもゆるく穏やかなものが中心で、中でもヴォーカルは絶品です。大名盤よりもちょっとマイナーな盤が多く、さりげなくジャズの奥深さを学ぶことができます。

# 《ライヴハウス編》ジャズと出会い、もっとも「接近」できる場

ふと立ち入った店舗で、それがどんな種類のものであれ店内に流れるジャズに優しく癒やされる機会が多くなりました。シックな雰囲気を醸したいバーや居酒屋はBGMにジャズを使い、サスペンス・ドラマでも、配信動画のバックにも、ラジオCMの景気づけにも、ジャズという音楽はよく使われます。知らないうちに耳にするケースが頻々《ひんぴん》となり、それだけこのジャンルは世に重宝がられる音楽になったとみえます。

もちろんこの本を手に取った方なら、お目当てのアルバムを購入して、配信サイトから有料ダウンロードしてきて、ストリーミング方式の定額制サービスにアクセスしてはジャズに接するという、アクティヴなジャズ・ライフを謳歌されているはず。そして前項で紹介された「ジャズ喫茶」にまで足を踏み入れてしまった強者の耳には、きっとそれまで経験したことのないギフトが用意されているでしょう。さらにこんな積極的で究極的な聴取法により、より高次なジャズの世界が開けていくことも紹介しておかねばなりません。

音と感情を発する主体のミュージシャン、今まさに楽器を用いて放った生の音……それらをもっとも身近に体験できる場所があるということを。名実ともにジャズともっとももお近づきになれる場所。それが「ライヴハウス」なのです。

ジャズの生演奏（以下、ライヴ）を聴くには、都度企画され、日程も会場も一定しないフェスティヴァル、コンサート、リサイタルなど規模の大きなホール公演が筆頭にあげられます。その一方で、十数名から百名以下という小さな固定店で、規模は小さいながら日々、少なくとも週に一度以上はライヴを開き、その日の気分で通うジャズ好きを迎え入れているのが「ライヴハウス」です。

これには「ジャズバー」「ジャズラウンジ」「ジャズクラブ」「ライヴレストラン」「ライヴハウス」（ライヴのできる「ジャズ喫茶」もここに含まれる）などがありますが、総じて「ライヴハウス」と呼ばれていま

す。それぞれで聴くことのできる演奏家の傾向も、演奏がはじまる曜日や時刻も、予約方法までまちまちです。でもよっぽどラグジュアリーな企画が打たれた特別な日でない限り、恐れることはありません……チャージや飲食にかかる費用を事前にチェックさえしていれば。

どこも明朗会計で、表示価格以上に請求されることはありません（「ジャズクラブ」と呼ばれるレストランは、ここに税金、サービス料、テーブルチャージが別に加わることもある）。むしろ会社帰りに今後何度聴くともわからないCDを入手し、コンビニで缶ビールとつまみをどっさり買い込んで、オーディオ前でひとりジャズ祭りを開くのと比べれば、同等かちょっぴりの上乗せで済むケースのほうが多いと思われます。

できればお目当てのミュージシャンやグループを見つけ、彼らが演奏する日時とライヴハウス名をチェックし、事前に予約してから会場を訪れるのがいいでしょう。もし、知らないミュージシャンだったとしても、偶然がきっとあなたの味方をしてくれるはず。そこで思わぬ「推し」ができたり、未知の「演奏スタイル」との嬉しい出会いがあったりするものです。ライヴハウスの側も見込んだ演奏者を出演させている矜持《きょうじ》があるし、ミュージシャンの側もそこで聴かせる演奏が、人生でもっとも洗練された最新の音なのです。そのドキュメントを近距離で鑑賞できるのも、ライヴハウスならではの楽しみといえましょう。

社会生活におけるオアシスではないか、と思うことがあるんです。ここで過ごす時間は、持ち込まれた不安を消し去り、次への活力をもたらしてくれる。「もっとも新しくヴィヴィッドに放たれる生音《なまおと》が、世界で一番近い席で聴ける」幸せを、ぜひライヴハウスというオアシスで味わい、癒やされてほしいのです。

おすすめライヴハウス①

# ブルーノート東京（東京都港区）

当初はニューヨークの同名クラブの姉妹店として、海外ジャズ・アーティストを国内で最初に定期的に出演させた老舗ジャズクラブ。音響的に優れた内装があり、最高のPAシステムを持ち、重厚感ある一流レストランでもある。そのため1988年のオープン以来、これら全仕様が高級志向のセレブリティたちを虜にしてしまった。

現在は日本独自のプログラムにより、旬の日本人アーティストも積極的に登場させている。系列で別クラブやカフェやダイニングバーも運営、それぞれでより気軽なライヴを聴かせるようにもなり、加えてこの店で誕生したビッグバンドが、クラブを飛び出し世界的活躍をみせるようにもなった。誕生日のサプライズ演出や、数に制限はあるが、学割システムも設けられている。

**ブルーノート東京**

東京都港区南青山6丁目3-16

TEL 03-5485-0088

営業時間・チャージ

営業時間は公演により異なります。詳細はオフィシャルサイトをご覧ください。ミュージックチャージは公演により異なります。席種によってはシートチャージがかかります。

写真提供：ブルーノート東京

おすすめライヴハウス②

# アワデライト（埼玉県蕨市）

ビルのオーナーとジャズ好きな建築家の親しい関係から、とんでもない部屋が設計されていた。ビル最上階の5階なのに、音響を考えてさらに4階分の吹き抜けが空へ向けて開いている。

建築家はただ、いつここを遊び部屋として稼働させるか決めずにあった。そんなところへ京浜東北線の、ジャズ不毛の北への下り線上にライヴハウスを構えたいという男が現われ、この隠蔽された物件は解放される……2015年、開店までの経緯。

コンクリ打ちっ放しの壁と18メートルの吹き抜けが作る特別な音は、都心からの帰宅組を一手に取り込み、すこぶる評判がいい。至近距離で生音を浴びた人は次への糧を得て、北へ帰っていく。

**アワデライト**
埼玉県蕨市塚越1-5-16 MITSURUビル5F
TEL 048-446-6680、090-2464-2574
営業時間・チャージ　19:30～22:00頃（平日）
　昼の部ライヴ　13:30～16:00頃
　夜の部ライヴ　19:00～21:30頃（土・日・祝）
　3,600円（＋オーダー ミニマム1,000円）ほか
　学生割引あり
定休日　不定休
※15台のカメラを縦横無尽に切り替えるライヴ配信も好評

---

おすすめライヴハウス③

# ナーディス（千葉県柏市）

すべて思いつきだった。オーナーは学生運動に燃える御茶ノ水の老舗店で経営を任され、ピアニスト菊地雅章のマネージャーをつとめた。硬派ジャズが溶解していく東京を飛び出し、緑のない柏に店を構えたのが1994年。店名も、ふと浮かんだ曲の名前だった。

前職からの顔利きでトンガった音をしたヴェテラン勢が集い、これに続く若手の発掘と育成を心がけたのが、同店の特徴となる。中心地東京の鬼門に位置し、先端的ジャズの実験場として多くの才能がここへ集約する事態となっていった。一方、先の老舗店から譲られたカワイ製ピアノを大切に調整してきたことでその鳴りは欧州にまで響き、そちらからも数多くの出演者が訪れる。

**ナーディス**
千葉県柏市柏 3-2-6 ksビル1F
TEL 04-7164-9469
営業時間・チャージ
　1st 20:30～　2nd 21:50～（平日）
　1st 20:00～　2nd 21:20～（金・土・日）
　2,530円～（＋2オーダー以上／学生は除く）
　ジャムセッション　1,980円～
ライヴのない日、ライヴ終了後はバー営業
　19:00～26:00　660円～（＋オーダー）
定休日　不定休

おすすめライヴハウス④

# 新宿ピットイン（東京都新宿区）

**新宿ピットイン**
東京都新宿区新宿2-12-4アコード新宿 B1
TEL 03-3354-2024
営業時間・チャージ
　昼の部　14:00 ～ 16:30
　1,300円＋税（平日／１ドリンク付）
　2,500円～＋税（土・日・祝／１ドリンク付）
　夜の部　19:30 ～
　3,000円～＋税（１ドリンク付）
定休日　なし

その音響の良さは、世界的に知られている。１９７９年の２店舗目への移転以後、ステージ下の怪しい逸話を孕んだ土の存在や、床から十数センチ嵩上げされた説明のつかない舞台構造、壁の設計も含めて、音の響きを独特なものにしているという。

開店は65年。翌年から本格的にライヴを開始し、その直後より日本ジャズ史に刻まれる数多くの物語がここで産み落とされる。現在、３店舗目。あらゆるスタイルのジャズ、アングラ劇や詩の朗読とのコラボも含め、音による精鋭的で実験的な表現が日々息をするように追求されている。そんなリアル・ジャズの発信地として、今や世界中から注目を浴びる最重要スポット。日本人のオリジナル曲、一部のパブリックドメイン曲やインプロヴィゼーションなどの動画は、ライヴ配信やアーカイヴ配信でも定額鑑賞できる。

おすすめライヴハウス⑤

## ハァーミットドルフィン（静岡県浜松市）

レコードが並ぶ暗がりのバーをはじめた頃は、はぐれイルカのように群れを離れた独り者が、ふらり立ち寄るジャズ好きたちの穴倉だった。ただ友人らと企画して開いた綾戸智絵（現在は智恵）のライヴが心に残り、6年後の2004年、生演奏も聴かせるレコード&ライヴ（香辛料の強い数種のカレーも評判）の新店舗を構える。楽器の街＝浜松のヤマハ音楽ビルすぐそば。東京からも大阪からも遠く離れているのに、常に一流で旬の演奏家を中央から呼び寄せる……マスターのこだわり。アーティストもそれを理解し、遠くからでも駈けつけるのだ。地方都市と思えぬ濃く充実したライヴ・タイムは、奇跡としか言えない。

**ハァーミットドルフィン**
静岡県浜松市中区田町326-25 KJスクエア2F
TEL 050-5307-3971
営業時間・チャージ
　ランチタイム　11:30～14:30（金・土・日）
　バータイム　19:00～23:00（金・土）
　ライヴタイム　19:30～（平日）　土・日・祝はサイト参照
　3,000円～＋税（＋1ドリンク500円～）
※休日、ライヴ・スケジュール、最新情報はサイト参照

### ボディ&ソウル（東京都渋谷区）

1974年創業の老舗。現在は渋谷公園通りに新店舗を構え、響きも格段に向上した。不定期開催のDay Time Liveも評判がいい。

東京都渋谷区宇田川町2-1 渋谷ホームズB-15
TEL 03-6455-0088
営業時間・チャージ
　1st 19:30～　2nd 21:00～（平日・土）
　1st 18:30～　2nd 20:00～（日・祝）
　4,500円～＋税（学割2,300円～）
定休日　不定休（サイト参照）

### リディアン（東京都千代田区）

ホールのような残響を意識した音響。早い開演時刻をはじめ、フード提供から演奏曲の周知にも気を使う、リスナー思いの仕様が嬉しい。

東京都千代田区神田司町2-15-1 B1
TEL 03-5244-5286
営業時間・チャージ
　1st 19:15～　2nd 20:45～（平日）
　1st 18:00～　2nd 19:30～（土・日・祝）
　3,400円～（＋オーダー）
定休日　不定休

### ノートランクス（東京都国立市）

「中央線ジャズ」（JR中央線エリアで培われた、独特の雰囲気と個性のあるジャズ・スタイル）の名づけ親による、選ばれし中央線ジャズマンたちの熱演が展開する。今は希少となったLP鑑賞会やトークショーもあり。

東京都国立市中1-10-5-5F　TEL 042-576-6268
営業時間・チャージ
　バー　18:00～23:00
　ライヴ　19:00～（不定期　金・土・日）
　1,500円～（＋オーダー、チャージフリーや投げ銭もあり）
定休日　火曜　水曜

### ノールームフォースクエアーズ（東京都世田谷区）

扉をくぐると秘密のジャズ・ルーム。気分を伝えれば創作してくれるカクテルと、最高にトンガったライヴを処方してくれる。

東京都世田谷区北沢 2-1-7 ハウジング北沢ビル4F
問合せ noroomforsquares.bar@gmail.com
営業時間・チャージ
　バー　19:00～26:00（月・火）　15:00～26:00（水～金）　14:00～24:00（土・日・祝）
　ライヴ　19:30～（不定期　土・日・祝）
　3,000円～（＋オーダー、チャージフリーや投げ銭もあり）　定休日　不定休（サイト参照）

※掲載の情報はすべて2022年11月現在のものです。

ジャズをもっと知るための

# ジャズのキーワード100

**ジャズの解説には、多くの専門用語が使われています。でも心配は無用です。この100語を知れば、ジャズがどんどん楽しくなってくること間違いなし。**

解説：伊藤嘉章

## あ

**アーティキュレーション【articulation】**
演奏において、音のひとつひとつや音の繋がりに、さまざまな強弱、ニュアンスを付加して音楽表現する行為のこと。

**アヴァンギャルド【avangarde】**
フランス語で前衛=最前線に立つ人、革新的な行ないや実験的な行為を指す。特に芸術においては既成概念にとらわれないスタイルや行為を指す。ジャズではオーネット・コールマンらのフリー・ジャズが当時こう呼ばれた。革新的であることは時代によって変わるので、アヴァンギャルドと呼ばれる対象は常に変化する。

**アコースティック【acoustic】**
電気楽器でない、または電気による増幅機能（マイク）を持たない生楽器のこととそのサウンドや音楽のこと。ただしギターだけは共鳴胴からの音量では他の楽器の音量に対抗できないことにより、マイクを装備したものも共演者が生楽器であればアコースティックと呼ぶことが多い。共鳴胴を持たないギターは電気楽器（エレキギター）として扱われる。

**アドリブ【ad-lib】**
即興演奏のことだが通常、曲のコード進行に従い原曲のメロディにとらわれない自由な旋律をその場で紡ぎ出すこと、または演奏の中でその即興演奏の部分を指す。語源はラテン語。

**アフターアワーズ【afterhours】**
音楽家がその日の演奏仕事の後に集まり、仕事とは離れて自由な、時に実験的な演奏を行なう時間帯、またはその演奏そのものや演奏活動を指す。

**アメリカーナ【amarivcana】**
広い意味でのアメリカ音楽。ジャズにおいてそれまでの黒人音楽の系譜に限らず、カントリー等のその他のアメリカの音楽を背景とするものが出現したことで、それらを総称する概念として用いられるようになった言葉。

**アルバム【album】**
片面1曲ずつのシングル盤に対して、片面20〜30分程度の複数の曲を収めたレコード（LP盤）を指して呼ぶようになり、CD、配信の時代になっても複数の曲をひとつのまとまった「作品」として発表する場合こう呼ぶ。もともと、写真や収集した切手などを貼っておく大判のノートをこう呼んでいたところ、SP盤（すべてシングル盤）の時代に、複数枚のレコードを袋に入れて束ね、厚紙の表紙をつけた冊子型ケースも同様にアルバムと呼ばれるようになった。以降、レコードにおいては作品集を指す言葉として使われ、LP盤も同様に呼ぶようになった。

**インスト【instrumental】**
インストゥルメンタルの略。歌を伴わない器楽演奏。

**インタープレイ**【interplay】
演奏者が相互に触発し合い反応して自分の即興演奏を作り上げていくこと。リズム、メロディ、和音、音色など影響を与え合う要素はさまざま。

**イントロ**【intro / introdution】
その曲のメロディを奏でる直前までの導入部分、序奏。テーマのコード進行などを用いたものや、まったく別の印象的なメロディやリズムを用いるものなどさまざま。イントロダクションの略。

**インプロヴィゼーション**【improvisation】
即興演奏のことだが、「アドリブ」という言葉が持つコード進行の枠内というイメージより広く、即興であればどんな形でもカバーするイメージをもつ用語。

**ヴァース**【verse】
洋楽においてコーラス（テーマ）に入る前の部分。日本の楽曲の呼び方では「サビ」を曲の一番のテーマだとすれば、そこへの導入部である「Aメロ」「Bメロ」などと言われる部分が洋楽のヴァースに相当することになる。

**ヴォイシング**【voicing】
ひとつの和音の音の積み重なり方の順番を変えたり音を付け加えたり省略したりして、和音の響きを変えたり、次の和音へのスムーズな繋がりを作ったりすること。

**ウォーキング・ベース**【walkig bass】
ジャズにおいてベースがコード進行に従い1小節に4分音符を4回弾く、主に伴奏でのスタイル。人が歩いているリズムのイメージから。

**歌もの**
歌が入るヴォーカル曲のこと。歌が入らないものは「インスト」。歌ものは基本的に声の音域で作られていることが特徴。

**エレクトリック**【electric】
電気楽器、または電気楽器からの音をその音楽の重要な要素としているサウンドや音楽のこと。

## か

**カルテット**【quartet】
4人の歌手または演奏者のアンサンブル。四重奏団。ジャズではピアノ、ベース、ドラムスに何か楽器がもうひとつというケースが多いが、決まった楽器構成はない。クァルテットとも表記。

**金管楽器**【brass instrument】
トランペットやトロンボーン、チューバ等演奏者の唇の振動で音を発する管楽器の総称。

**クインテット**【quintet】
5人の歌手または演奏者のアンサンブル。五重奏団。ちなみに6人ではセクステット、7人はセプテット、8人はオクテット、9人はノネット。10人はデクテットだが、この辺になると最近はラージ・アンサンブルと呼ぶ傾向にある。

**クリシェ**【cliché】
フランス語で決まり文句、常套句表現を指す。安定したお約束のメロディ・ラインや和音の流れという肯定的な意味もあると同時に、ジャズの批評などで、新味のない演奏や即興演奏でのお決まりの手癖のようなフレーズに対しても使われる表現。

**クルーナー**【crooner】
1930年代に登場した、柔らかくつぶやくように歌う歌手、またはその歌い方のこと。マイクロフォンや録音技術の発達によって可能になった。ビング・クロスビーなどが代表的。

**コード**【chord】
和音。同時に演奏される2つ以上の音程の音が鳴っている状態。楽譜の上では、クラシックでは音符でのみ表わすが、ジャズではアルファベットと数字で簡便に表わすことも多い。

**コード進行**【chord progression】
曲の中で和音（コード）が時間の経過に従いどう

変化していくかを表したもの。同じ曲でもメロディに対してどのような和音を適用したコード進行とするかで曲の響きが変わる。また即興演奏の時のガイドラインともなる。

**コーラス【chorus】**
①合唱。ジャズを含むポピュラー音楽ではメイン・ヴォーカルに対してサポート的にハーモニーを担当する役割を指す。②楽曲の一単位のこと。いわゆる「一番」「二番」がこれに当たる。

**コンテンポラリー【contemporary】**
「現代的な」の意だが、ジャズでは70年代以降のロックやその他のポピュラー音楽の語法を取り入れたジャズの総称。

**コンボ【combo】**
ジャズでの小編成のバンド。スモール・コンビネーションの略。3～7、8人程度のもの。ソロやビッグバンドに対して対比的に使うこともある。

## さ

**サイドマン【sideman】**
そのバンドや作品で、メインの奏者以外の奏者をいう。複数形はサイドメン。

**サッチモ【Satcimo】**
トランペット奏者ルイ・アームストロングのニックネーム。口が大きくサチェル・マウス（小型のガマ口のような口）を略してこう呼ばれるようになった。あだ名ではあるが今や完全に第二の名前といえよう。ちなみに他にも愛称で呼ばれるジャズマンは多く、チャーリー・パーカーの「バード」、クリフォード・ブラウンの「ブラウニー」、ジョン・コルトレーンの「トレーン」、レスター・ヤングの「プレス」などが有名。

**ジャム・セッション【jam session】**
演奏者が集まり、きちんとした準備やあらかじめ用意した楽譜なしに即興的に演奏を行なうこと。

**スウィング（感）【swing】**
本来「揺れる」という意味から発してジャズの持つ独特の揺れる感覚を指すようになったもの。ジャズを定義する要素のひとつ。音楽的には8分音符2つでできた1拍があるときに、1つ目の8分音符を長めに、2つ目を短めに感じたり、または3連符の1拍の、最初の音符と2番目の音符をタイでつないだリズム感覚と表現もできる。その軽快なリズムがビッグバンドによりダンス音楽として１９３０～40年代に興隆を極めたが、その音楽をスウィング・ジャズ、またその時代をスウィング時代と総称することもある。

**スキャット【scat】**
ジャズでの歌唱法で、特に意味のない「ダバダバ」などの音を即興でメロディに乗せ歌うこと。ルイ・アームストロングなどが名手。

**スタジオ・ミュージシャン【studuo musician】**
主にポピュラー音楽において自己の所属するグループではなく、ソロ歌手、所属外のグループのために音楽スタジオでの録音や演奏活動のサポートのために演奏する演奏家のこと。レコーディング・ミュージシャン、セッション・ミュージシャンとも呼ばれる。

**ストリングス【strings】**
弦楽器や弦楽器を主体とした演奏、またはそのアンサンブル・チームのこと。ジャズでは通常の編成に弦楽器のアンサンブルを加え表現を広げた「ウィズ・ストリングス」の作品も多い。また近年はラージ・アンサンブルや交響楽団などストリングスを積極的に使ったジャズの作品も増えている。

**セッション【session】**
音楽では演奏のために音楽家が集まること。ジャズでは即興演奏のために集まることを指すことも多い。→ジャム・セッション

**ソリ【soli】**
イタリア語でソロの複数形。ジャズではビッグバ

ンドでサックス・セクションなどひとつのセクションの合奏パートを指す。

**ソロ**【solo】
独奏、独唱。一人の演奏者による演奏や作品を指すこともあれば、バンドの中で伴奏を受けながら一人の演奏者が即興演奏を行なうことを指すこともある。

## た

**チェイス**【chase】
「追いかけっこ」の意味だが、4小節など短い小節で複数の演奏家が交互に即興演奏を行なうこと。時に速度を早めたり、小節数を2小節に縮めたりするなどお互いに追いかけ合っているような緊張感を伴った即興演奏の交換も行なわれる。→4バース／8バース

**調性**【tonality】
その曲でどの音が中心になる音（キー、調）として感じられるかを表わす言葉。

**チョーキング**【choking】
ギターの弦を押さえながら指をフレットと平行に押上げ音程を上げる奏法。ベンド、ベンディングとも呼ばれるギター特有の奏法。

**テイク**【take】
演奏者は録音の際に最良の演奏を正式作品として選ぶため、同じ曲を複数回演奏するその各々の演奏をテイクと呼ぶ。→別テイク

**ディスコグラフィー**【discography】
演奏家や作曲家、ジャンルごとなどにレコードやCDの録音物に関しタイトル、制作参加者、曲目、録音年月日などの諸データを収集・整理して掲載した目録。

**ティン・パン・アレイ**【Tin Pan Alley】
ニューヨークのマンハッタンの28丁目のブロードウェイと6番街に挟まれた、音楽出版社の集まっていた一角、またはそこから楽譜として広まった音楽の総称。19世紀末から20世紀中盤頃までに、ジェローム・カーン、アーヴィング・バーリン、コール・ポーター、ジョージ・ガーシュウィンなどの作曲家による作品がこの一角を通じて広まり、現在ジャズ・スタンダードと呼ばれる曲となっているものが多い。

**テーマ**【theme】
曲の主題となる部分、メロディ、フレーズ。ジャズではテーマで始まり、即興演奏部分があり、最後は再びテーマを演奏して終了する形式が多い。また曲やアルバム作品全体の概念的な主題を指すこともある。

**デュオ**【duo】
2人の歌手または演奏者のアンサンブル。二重奏。ジャズではピアノとベースが多いが、ピアノとピアノ、ヴォーカルとギターなど、決まった楽器構成はない。

**テンション・ノート**【tension note】
基本的な和音の構成音の上に和音に含まれない非和声音を付け足すことで、緊張感のある響きを生む音のこと。

**トリオ**【trio】
3人の歌手または演奏者のアンサンブル。三重奏。ジャズではピアノ、ベース、ドラムスが多いが、決まった楽器構成はない。

## は

**パーソネル**【personnel】
その作品や録音に参加した演奏家の名前の情報。

**ハイ・ノート**【high note】
高音の意味だが、特にトランペットの最高音域の音に使う。

**ハイハット・シンバル**【hi-hat cymbal】
ドラム・セットを構成するひとつで、直径35センチ程度のシンバルを2枚スタンドにセットし、叩

いたり、足で開閉用のペダルを踏んだりして演奏するもの、またはそのシンバルそのもの。

**廃盤**
レコードの制作販売にあたってはまず一定数を生産（プレス）するが、何らかの理由で追加生産がなくなりレコード会社からの購入が不可能となった作品のこと。

**バスクラ**
日本のジャズマン用語でバス・クラリネットのこと。同様にクラリネットを「クラ」と呼ぶ。しかし、アルト・サックス、テナー・サックスを「アルサク」「テナサク」とは呼ばない。

**バッキング【backing】**
歌手やソロで演奏している奏者のハーモニーやリズムのサポートとして演奏すること。伴奏。

**バラード【ballad】**
もともとヨーロッパの民衆叙事詩。ジャズやポピュラー音楽ではゆったりとしたテンポに感傷的な歌詞や美しいメロディを伴った曲を指すことが多い。

**フィーチャー【feature】**
「特徴」や「顔つき」の意だが、音楽では「客演」の意味で使われることが多い。

**フィル・イン【fill-in】**
主にドラム演奏で一定のリズム・パターンが切り替わるときの継ぎ目が分かりやすく印象的になるよう、1～2小節の変化をつけた演奏を挟み込むこと。日本語で「オカズ」と呼ばれることも。広義ではドラム以外にもピアノやギターの伴奏での同様の演奏を指すこともある。

**フェイク【fake】**
原曲のメロディやリズムを自分の感じるニュアンスに合わせ変化させる、歌唱や演奏でのテクニックのこと。

**吹き込み**
録音、レコーディングのこと。エジソンが録音技術を発明した当時は、大きな朝顔型のトロンボーンの先端のようなものに向けて吹き入れるように声を発し、その先の針の振動で蝋製の録音管に録音していたことにちなむのか、マイクに息を吹かけるように録音することが語源なのか諸説ある。

**ブラシ【brush】**
ドラム・スティック（ドラムを叩くための棒）の一種。細い針金またはプラスティックの繊維を束ねたもの。叩いて使うだけでなく、打面をこする奏法などで繊細な表現や音量・アクセントを弱めた演奏ができる。

**フラジオ【flageolet】**
サックスの通常の音域以上の高い音を出すための奏法。倍音を利用する。

**ブラス・セクション【brass section】**
金管楽器で編成されたユニットのこと。標準的なビッグバンドではトランペットとトロンボーン。なお日本のジャズマン用語ではトランペットは「ペット」「ラッパ」、トロンボーンを「ボントロ」、バス・トロンボーンを「バストロ」などと呼ぶ慣習がある。

**ブリッジ【bridge】**
曲の構成の中で各部分をつなぐ役割の部分。ただし具体的には人によって用法がかなり異なり、海外では「ヴァース（導入部）とコーラス（主題部）を結ぶ」ときなどを指す一方、日本では「サビ（主題部）とAメロをつなぐ部分」であったり「Bメロ」の部分を指すことであったりする。

**ブルー・ノート（音・スケール）【blue note scale】**
ブルースやジャズ、ロックなどで使用される音階のひとつ。一般に長音階（メジャー・スケール、普通のドレミファソラシドのこと）の第3音（ミ）、第5音（ソ）、第7音（シ）を半音下げたもの。憂いを帯びたメロディとなる。

**ブルース（形式）**【blues】
アメリカ南部で生まれたアフリカ系アメリカ人による音楽の形式のひとつ。英語での発音はブルーズ。一般に12小節で、３つのコードを決まった順序で使い一曲の中で起・承・転・結を感じさせる形となっている。歌詞を伴うことも多く、日常の恋愛、苦労・苦難や悲しみを歌いこんだり、皮肉や諧謔、笑い、物語、小話などでそれら悲哀を吹き飛ばすような内容も多い。日本の演歌などでの〈○○ブルース〉はこの形式には従っていないが、哀感の一点のみは共通するようだ。

**ブレイク**【break】
演奏中に意図的に音楽を止めてつくる空白の部分。テーマからソロに入る直前など、曲のパートとパートの間の切り替え部に用いられることが多い。

**フレージング**【phrasing】
即興演奏でメロディを作るときの区切り方。またはメロディそのものの作り方やその個性を指すことも。

**ブロードウェイ**【Broadway】
ニューヨークのマンハッタン島を南北に斜めに走っている大通りの名称。特に41丁目から54丁目近辺の多くの劇場が集中し、レストランやライヴハウスなども含めた一大繁華街となっているエリアを指す場合や、ミュージカルの本場の意味で用いられることもある。

**プロデューサー**【producer】
音楽の制作での全責任者。音楽家の起用から、録音、売り出し方まで全般を指揮する。

**フロント**【front】
ピアノ、ベース、ドラムスなどのリズム・セクションに対して、ステージでは観客に直接対面する位置で演奏する演奏者（多くは管楽器）を呼ぶもの。
→リズム・セクション

**別テイク**【alternate take】
演奏者は録音の際に同じ曲を数度演奏し最良の演奏を正式作品として選ぶが、その際選外となった音源のこと。正式作品と遜色ないものもあるため、ファンにとって興味の対象となり、新たに正式に発表されることもある。

**ホーン**【horn】
金管楽器（トランペット等）も木管楽器（サックス等）も含んだ管楽器一般を指す。語源は動物の角笛。

**ホーン・セクション**【horn section】
金管、木管を問わず、管楽器全体のユニットのこと。編成はさまざま。

## ま

**マイナー（キイ）**【minor key】
短調のこと。主音（ド）と第3音（ミ）の間が全音1つと半音1つの間隔となる。哀感のある響きがする。

**マイナー（レーベル）**【minor label】
大手レコード会社（メジャー、メジャー・レーベル）の傘下ではなく、小規模または個人によるレコード会社とその商標のこと。

**マウスピース**【mouthpiece】
管楽器の息を吹き込む部分（吹き口）とその部品のこと。形状、素材により音質が異なり、その選択は演奏者の個性を反映する。金管楽器では真鍮製のものが多い。サックスではエボナイト、樹脂、真鍮製などがある。

**マスタリング**【mastering】
音楽制作における最終的な仕上げとなる工程。録音した音源から調整を行なったあと、音盤用であれば量産用のマスター音源（原盤）を作成する最終工程となる。現在ではその工程のひとつである「音質調整」のことを指す場合もある。リマスタリングCDは、音質を再調整して高音質化したCDのこと。

**ミュート**【mute】
弱音、消音のこと、またはそれに使う用具や奏法のこと。音色を変えて音楽的効果を出すために用いられることが多い。トランペットやトロンボーンではお椀型のカップ・ミュート、徳利型のストレート・ミュート、チリチリした音のハーマン（ワウワウ）・ミュート、被せるタイプのバケット・ミュートなどがある。マイルス・デイヴィスのハーマン・ミュートの使用は有名。またギターの奏法では、手で軽く弦に触れながら響きを押さえて弾く奏法を指す。

**メインストリーム**【mainstream】
①1950年以降、ビバップやハードバップを指向せず、またはディキシーランド・ジャズにも回帰せず小編成で活動したスウィング時代のミュージシャンが指向したジャズのこと。「主流派」とも呼ばれる。コールマン・ホーキンス、レスター・ヤング、ロイ・エルドリッジ、バック・クレイトン、ライオネル・ハンプトンなど。②本来の、「主流」「本流」の意味としても使われる。

**メジャー（キイ）**【major key】
長調のこと。主音（ド）と第3音（ミ）の間が全音2つの間隔となる。明るい感じの響きがする。

**メジャー（レーベル）**【major label】
大手レコード会社とその商標のこと。

**木管楽器**【woodwind instrument】
サックスやクラリネット、オーボエ、フルート等演奏者の唇の振動以外で音を発する管楽器の総称。→リード楽器

## や

**ユニゾン**【unison】
同じ音程の音のこと。合奏で複数の奏者が同じ旋律を同じ音程で演奏することを指す場合が多い。ラテン語が語源。

## ら

**ライヴ盤**【live album】
一般に観客を前にしたライヴスポットやコンサート会場での生演奏を録音したアルバムのこと。録り直しが利かないため、緊張感や観客の反応による相乗効果が良い演奏を生んだりする。

**ライナー・ノーツ**【liner notes】
レコードやCDのジャケットまたは付属の冊子に、その作品やアーティストの経歴、曲目などについて書かれた解説文のこと。ライナー（服の裏地）から転じて、レコードジャケットの裏側の解説文（ノーツ）の名前に使われることとなった。通常、音楽ライターや制作の関係者によるものが多い。昨今は配信による作品発表も多いため、リスナーが楽曲の解説や背景の情報を得にくくなっているとも言える。

**リーダー**【leader】
バンド、オーケストラや演奏において中心となるミュージシャン。

**リーダー・アルバム**【leader album】
あるミュージシャンが主導、中心となって制作されるアルバム作品のこと。

**リード楽器**【reed instrument】
木管楽器のこと。リード（主に竹や葦の薄板）を振動させて音を発する。フルートやリコーダーは空気そのものをリードとして振動させる。

**リード・トランペット**【lead trumpet】
ビッグバンドのトランペット・セクションでの1stトランペット奏者のこと。音楽的解釈、音の止め伸ばしのリードなどセクションの要で演奏技術や音楽的素養が求められ、またバンド全体にも大きな影響を及ぼす重要ポジション。トランペット・セクションは担当音域の高い方から1から番号がふられている。ちなみにリード・アルトはサックス・セクションでの1stアルト奏者。サックスセクションの番号はアルトが1stと3rd、テナーが2ndと4th、バリトンが5thの順

で番号がふられている。

**リズム・セクション【rhythm section】**
バンドなどのアンサンブルで主にリズムを担当する数人の演奏者を言う。ジャズではドラムス、ベース、ピアノ、ギターが一般的。時にコンガなどのパーカッションも含む。

**リフ（リフレイン）【refrain】**
曲の中でくり返し使われる印象的なフレーズ。クラシックではオスティナートと呼ばれる。

**リリカル／リリシズム【lyrical/lyricism】**
抒情／叙情、抒情的／叙情的な。静かな感情が込められた表現を表わすことが多い。

**レーベル【label】**
もともとはレコード盤の中心部に貼られた曲目、音楽家名、レコード会社名が書かれたラベルのこと。転じて、レコードを制作する会社、またはレコード会社内の部門のことを指す。大手レコード会社では音楽の種類や制作方針に従い、複数のレーベルを持つ。↓メジャー（レーベル）↓マイナー（レーベル）

## わ

**ワルツ【waltz】**
中世にヨーロッパで成立したダンスで18世紀以降王宮で大きく発展した三拍子の円舞曲とその形式。一般には三拍子の曲の総称的に使われることも多い。ジャズでも50年代以降三拍子が一般的に使われるようになっている。

**ワン・ホーン【one horn】**
管楽器が1種類（ひとり）のアンサンブル。たとえばトランペットとリズム・セクションといった編成。↓リズム・セクション

## 英数字

**4バース／8バース【4bars / 8bars】**
バーとは小節の意で、4バースは4小節、8バースは8小節のことだが、ジャズではアドリブの時に複数の奏者が4小節ずつ、8小節ずつ順番に交代してソロを行なうことを指す。特にドラムスと交代する場合を指すことが多い。読みはフォー・バース、エイト・バース。

**4ビート／8ビート／16ビート【4beat / 8beat / 16beat】**
1小節をいくつの音符に分けてリズムを感じるかによる分類。4ビートは4分音符が4つあると感じることで、ジャズのベースの音数と一致する。8ビートは8分音符が8個でロックの感覚、16ビートは16分音符が16個で、フュージョンなどが典型。

**A&R【A&R / Artists and Repertoire】**
レコード会社における機能のひとつ。アーティスト・アンド・レパートリーの略で、アーティストの総合担当としてその発掘、契約や育成、制作や宣伝に携わる。

**AABA形式**
曲の構成の形式を表現したもののひとつ。同じメロディやコード進行を持つ部分が2回くり返された後（ＡＡ）、それと異なるメロディやコード進行の部分が置かれ（Ｂ）、そのあとまた最初の部分（Ａ）が置かれて曲が構成されている形式をいう。ジャズ・スタンダードになっているミュージカル曲はこの形式（各部8小節、計32小節）が多い。さらに異なる部分（Ｃ）が置かれたＡＢＡＣ形式などもある。

**DJ（クラブ）【DJ】**
クラブやダンス・イベント、演奏会場、また近年は配信なども含め、その場で選曲を行ない客に聴かせる役割のこと。音源はレコード盤、ＣＤから最近はデジタル音源も多く使われる。

**DJ（ラジオ）【DJ】**
ラジオで音楽をかけながら番組を進行する役割のこと。ディスク・ジョッキー(Disc Jockey)の略称。近年は番組進行に比重がおかれパーソナリティーと呼ばれるケースが多くなってきた。

ケイシー・ベンジャミン......................122
ゲイリー・ヴェルサーチ......................154
ゲイリー・ピーコック................123, 146
ケニー G................................................25
ケニー・カークランド........................132
ケニー・クラーク........................41, 142
ケニー・バレル....................................130
ゴーゴー・ペンギン............................157
ゴールデン・ストライカー・トリオ....135
コール・ポーター............132, 136, 183
コールマン・ホーキンス
............................89, 90, 125, 186
小玉ユキ................................................29
後藤雅洋..............................................168
コニー・ケイ......................................142
コンゴ・ナッティ................................158

## さ行

西条孝之介............................................16
財津一郎................................................23
ザヴィヌル・シンジケート..........115, 116
酒井久代..............................................171
サッチモ →ルイ・アームストロング
サディク・ハキム..................................86
佐藤孝信................................................97
佐藤允彦..............................................160
サド・ジョーンズ..................................67
サヒブ・シハブ....................................140
サミュエル・ルイス............................131
サム・ウッドヤード........................82, 83
サム & デイヴ......................................145
サラ・ヴォーン.......123, 124, 131, 139
サリフ・ケイタ....................................116
サンズ・オブ・ケメット......................158
サンタナ..............................................112
椎名林檎................................................17
ジーン・クルーパ..................................38
ジェイ・アンダーソン........................154
ジェイソン・モラン............................125
ジェイソン・リンドナー......................152
ジェイ・マクシャン.........55, 84, 85, 87
ジェイミー・カラム............................132
ジェイムス・テイラー.............14, 15, 64
ジェイムズ・ヘイリー........................128
ジェームス・ブラウン..........................44
ジェフ・テイラー................................152
ジェフ“テイン”ワッツ......................141
ジェフ・ブリッジス........................26, 27
ジェリ・アレン......................................47
ジェリー・ウォルド..............................98
ジェリー・マリガン
....................33, 42, 51, 56, 57, 64
シェリー・マン................................42, 56
ジェリー・ロール・モートン..........36, 37
ジェローム・カーン..................123, 183
シグムンド・ロンバーグ....................142
ジジ・グライス......................................90
ジミー・ギャリソン
................75, 103, 104, 105, 122
ジミー・ドーシー................................138
ジミー・ヒース....................................103
ジミー・ブラントン........................80, 83
ジミー・ボンド....................................145
ジミー・メリット........................59, 137
清水靖晃................................................16
ジミ・ヘンドリックス....................34, 64
ジム・ホール
..........47, 69, 101, 129, 135, 146
ジム・ユーロップ..................................37
シモーヌ・ド・ボーヴォワール.........87
ジャコ・パストリアス
..........15, 34, 115-117, 128, 130
ジャスティン・タイソン....................151
ジャスティン・ハーウィッツ................25
ジャスティン・ロビンソン..................130
ジャズ・メッセンジャーズ（ザ・）
........................................18, 33, 46,
58, 59, 106-109, 137, 160, 162
ジャッキー・マクリーン.........42, 58, 75
ジャック・ディジョネット..96, 123, 130
ジャック・プレヴェール......................124
ジャニス・ジョプリン..........34, 64, 145
シャバカ・ハッチングス.......35, 48, 158
ジャンゴ・ラインハルト........................40
ジャンヌ・モロー..................................22
ジャン＝ポール・サルトル....................87
ジューン・クリスティ........................129
シュガーヒル・ギャング......................34
ジュリアン・ラージ..............................48
ジュリー・アンドリュース..................134
ジュリー・ロンドン............................146
ジョアン・ジルベルト..................33, 44
少年隊..................................................97
ジョエル・フラーム............................153
ジョー・ウィリアムス..........................67
ジョー・ザヴィヌル............................34,
45, 96, 106, 107, 109, 114-117
ジョー・サンプル................................130
ジョージ・ウォーリントン..................130
ジョージ・ガーシュウィン
.........32, 39, 112, 128, 145, 183
ジョージ川口とビッグ・フォー..........160
ジョージ・コールマン........61, 133, 135
ジョージ・シアリング........................138
ジョージ・テイト................................140
ジョージ・ハリスン..............................64
ジョージ・フリン................................154
ジョージ・ベンソン........................34, 46
ジョージ・ムラーツ............................129
ジョージ・ラッセル........................61, 98
ジョー・ダレンスバーグ........................78
ジョー・ニューマン..............................67
ジョー・パス......................................136
ジョー・ファレル........................65, 143
ジョー・ヘンダーソン..............130, 136
ジョシュア・アイデヘン......................158
ジョシュア・レッドマン..................35, 47
ジョゼフ・コズマ................................124
ジョニー・グリーン............................125
ジョニー・グリフィン........................123
ジョニー・セント・サイア....................79
ジョニー・ドッズ..................................79
ジョニー・ホッジス
......................53, 82, 83, 102, 141
ジョニー・マーサー....................124, 141
ジョニ・ミッチェル
............15, 64, 111-113, 144, 145
ジョン・F・ケネディ..............................33
ジョン・エベール................................146
ジョン・クレナー................................131
ジョン・コルトレーン................................
33, 34, 43, 51, 62, 74, 75, 82,
89-91, 96, 102, 104, 105, 108,
113, 122, 123, 125, 126, 130,
134, 137, 141, 142, 148, 151, 182
ジョン・スコフィールド........................47
ジョン・ゾーン................................34, 47
ジョン・パティトゥッチ...........107, 125
ジョン・ハモンド..................................40
ジョン・ビーズリー............................128
ジョン・マクラフリン............45, 96, 97
ジョン・ミーガン..................................58
ジョン・メイヤー................................112
ジョン・ラム..........................................82
ジョン・ルイス................................62, 142
ジョン・レノン......................................34
菅原正二......................................165, 166
スコット・フィッツジェラルド..............39
スコット・ラファロ.............98-101, 124
スコット・ロビンソン........................154
スタン・ゲッツ......16, 33, 38, 44, 144
スタン・ケントン............................42, 129
スタンリー・クラーク................65, 143
スティーヴィー・ワンダー....33, 83, 112
スティーヴ・ガッド............................143
スティーヴ・クローヴス......................26
スティーヴ・コールマン......................47
スティーヴ・マーカス..........................64
スティーヴ・ロンドン..........................25
スティーリー・ダン..............................64
スティング............................19, 35, 112
ステファン・グラッペリ......................72
スライド・ハンプトン........................114
瀬川昌久..............................................118
セシル・テイラー................................170
セックス・ピストルズ..........................34
セブ・ロシュフォード........................158
セルジオ・メンデス & ブラジル 66......136
セロニアス・モンク
..................35, 40, 74, 88, 90, 91,
102, 103, 120, 121, 125, 140, 155
ソニー・グリア......................................83
ソニー・スティット............................131
ソニー・ペイン......................................67
ソニー・ロリンズ........................42, 58,
62, 69, 125, 128, 129, 137, 142

## た行

ダイアナ・クラール....................69, 136
ダイアン・リーヴス............................122
ダイナ・ワシントン............................114
タイニー・グライムス..........................86
ダニー・バーセロナ..............................78
ダニー・ハザウェイ..............................16
ダニー・マッキャスリン...........152, 154
ダニーロ・ペレス................................107
谷崎潤一郎..........................................118
ダミアン・リード................................144
ダリウス・ミヨー..................................61
チェット・ベイカー................................
26, 29, 33, 38, 56, 57, 131, 135
チコ・ハミルトン..................................57
チック・コリア................................34, 45,
65, 95, 96, 113, 136, 143, 170
チャーリー・クリスチャン
...........................32, 41, 48, 54, 88
チャーリー・パーカー........................4-6,
23, 33, 40, 41, 50, 51, 54, 55,
58, 74, 75, 84, 86-88, 91-93, 97,
121, 128, 131, 132, 144, 148, 182
チャーリー・バード..............................44
チャーリー・フォーケス......................67

※191ページに続きます。

# 人名索引

●本書に登場する人名、グループ名の索引です。グループ名の「ザ・」は末尾に移動しています。
●本書での外国人名のカタカナ表記は、慣例やCD商品での表記によっていますので、一部表記に不統一がある場合があります（例：ジェームス、ジェイムズ）。

## あ行


アーヴィン・ギャリソン……55
アーヴィング・バーリン……183
アーヴェル・ショウ……53, 78
アーサー・シュワルツ……146
アーティ・ショウ……66
アート・テイタム……139
アート・テイラー……75
アート・トゥンクボヤチアン……116
アート・ブレイキー……18, 33, 42, 46, 51, 58, 59, 90, 106, 107, 109, 124, 137, 140, 160, 162
アート・ペッパー……57, 146
アール・ハインズ……85
アイアート・モレイラ……65, 143
アイラ・ギトラー……61
青木カレン……134
秋葉勝……173
穐吉敏子……33, 160
アニタ・オデイ……144
アビー・リンカーン……122
アマンダ・ブレッカー……156
綾戸智絵（智恵）……179
荒井由実……16
アル・カポネ……37
アル・ジャロウ……143
アルバート・アイラー……62, 126
アルバート・トゥッティ・ヒース……145
アルフレッド・ライオン……91
アル・ヘイグ……130
アレサ・フランクリン……139
アレックス・アクーニャ……116
アレックス・コズミディ……156
アンジェロ……30
アンディ・ハベール……156
アントニオ・カルロス・ジョビン……44
アントニオ・ロウレイロ……156
アンドリュー・ヒル……130
アンブローズ・アキンムシーレ……153
イーサン・ホーク……25, 26
イヴ・モンタン……124
イエルムンド・ラーセン……159
池之上緋紗子……172
石塚真一……28
石若駿……160
井田一郎……118
イッセイミヤケ……97
井上銘……160
イリアーヌ・イリアス……131
イングリッド・ジェンセン……154
ヴィクター・ヤング……144
ヴィセンテ・アーチャー……144
ヴィック・マクミラン……55
ヴィニー・カリウタ……139
ウィリアム・クラクストン……57
ウィルバー・ウェア……90
ウィルフレッド・ミドルブルックス……69, 129
ウィントン・ケリー……96, 106, 138
ウィントン・マルサリス……34, 46, 113, 131
ウェイラーズ（ザ・）……34
ウェイン・ショーター……33, 34, 45, 51, 61, 96, 106-109, 112, 114, 116, 137, 144, 145
ウェザー・リポート……34, 45, 106-109, 115-117
ウェス・モンゴメリー……34, 140
上野樹里……24
上原ひろみ……35, 134, 160
ヴェルマ・ミドルトン……53
ウェンデル・カレー……67
ウェンデル・マーシャル……83
ウォルター・ビショップ Jr.……75
ウォルター・ベッカー……64
エグベルト・ジスモンチ……45
エスペランサ……125
エディ・ゴメス……99, 101, 127
エディ・コンドン……38
エディ・ジョーンズ……67
エディ・ヒック……158
エディ・ラング……38, 48
エド・シグペン……132
エドワード・デュボーズ・ヘイワード……145
エマ・ストーン……25
エムワンディシ……112
エラ・フィッツジェラルド……7, 68, 69, 77, 79, 83, 123, 129, 132, 136, 141
エリオット・ジグムンド……127
エリカ・バドゥ……122, 151
エリス・マルサリス……46
エリック・クラプトン……139, 156
エリック・ドルフィー……33, 104, 105, 138
エリック・ハーランド……125
エリック・マクファーランド……146
エルヴィス・プレスリー……33, 34, 43
エルヴィン・ジョーンズ……103-105, 108, 122, 134
エルマー・スノーデン……80
エルメート・パスコアール……45
大坂昌彦……160
大友良英……35, 160
大西順子……160
大貫妙子……16, 17
オーネット・コールマン……33, 43, 62, 63, 101, 180
岡本喜八……23
桶口優……172
オスカー・ハマースタインⅡ世……123, 134, 142
オスカー・ピーターソン……78, 132, 144
オスカー・ブラウン・ジュニア……122
小曽根真……141, 160
小野リサ……136
オマリ・ハードウィック……151
オリジナル・ディキシーランド・ジャズ・バンド……32, 37, 52


## か行


ガーシュウィン
→ジョージ・ガーシュウィン
ガートルード・ローレンス……125
カート・ローゼンウィンケル……156
カーメン・マクレエ……123, 141
カーリー・ラッセル……86
カウント・ベイシー……40, 53, 67, 81, 83, 129, 165
笠井紀美子……133
カサンドラ・ウィルソン……47, 69
カシオペア……160
ガス・ジョンソン……69, 129
ガブリエル・カハネ……153
カマシ・ワシントン……35, 47, 70, 71, 149, 150
カル・ジェイダー……130
カルメン・イジョゴ……25
カルロス菅野……143
川嶋文丸……87
ガンズ・アンド・ローゼズ……139
貫地谷しほり……24
キース・オークイン……154
キース・ジャレット……34, 35, 93, 97, 123, 124, 146
菊地成孔……160
菊地雅章……177
岸本ひろし……24
キッド・オリー……79
キム・ノヴァク……135
キャット・アンダーソン……80, 82, 83, 141
キャノンボール・アダレイ……58, 59, 96, 114, 115, 117, 124
キャブ・キャロウェイ……41, 55
キャメロン・グレイヴス……71, 150
キャロル・スローン……141
キラ・ギャレー……156
ギル・エヴァンス……66, 94, 97, 140, 145
キング・オリヴァー……32, 76, 77, 79
キング・クリムゾン……15
クインシー・ジョーンズ……19, 45
クインシー・トゥループ……30
クーティ・ウィリアムス……80, 82, 83
熊代忠文……170
クライド・ハート……86
クリード・テイラー……45
クリス・アイリングワース……157
クリス・チーク……153
クリスチャン・サンズ……134
クリスチャン・スコット・アトゥンデ・アジュアー……151
クリスチャン・マクブライド……35, 134, 141
クリス・デイヴ……122
クリフォード・ブラウン……33, 42, 51, 58, 182
クリント・イーストウッド……23
グレイト・ジャズ・トリオ……128
グレゴリー・ポーター……69
グレッグ・ギスバート……154
クレランス・ペン……154
グレン・トンプソン……78
グレン・ミラー……33, 53, 66, 83
グローヴァー・ワシントン Jr.……17

ベン・シドラン……30
ベン・ストリート……156
ベン・モンダー……154
ヘンリー・コーカー……67
ホアキン・ロドリーゴ……143
朴沢伸夫……166
ボー・ブリッジス……26
ポール・ゴンザルヴェス……80, 82, 83, 141
ポール・サイモン……112
ポール・スミス……69, 129
ポール・チェンバース……96, 124, 126, 138
ポール・デスモンド……38
ポール・パーカー……140
ポール・ホワイトマン……39, 66, 118
ポール・マッカートニー……30
ポール・モチアン……98, 100, 101, 124, 146
星野源……20
ホセ・ジェイムズ……125
ホット・セヴン……77, 79
ホット・ファイヴ……77, 79
ボビー・エコノム……128
ボビー・ティモンズ……59, 137
ボビー・ハッチャーソン……28, 133
ボビー・マクファーリン……140
ボブ・ウィットロック……57
ボブ・ゲルドフ……35
ボブ・ディラン……33, 61
ボブ・ハースト……132
ボブ・マーリー……34
ポリス(ザ・)……19, 34
ホレス・シルヴァー……33, 42, 58, 59, 160
本田竹曠……126

## ま行

マーカス・ミラー……97
マーク・ジュリアナ……152, 153
マーク・ジョンソン……101
マーク・ターナー……156
マーサー・エリントン……82
マーシャル・ロイヤル……67
マーティ・ペイチ……146
マーティン・ヴァリホラ……134
マーティン・ルーサー・キング……34
マイク・モスマン……116
マイケル・ジャクソン……19, 34, 35
マイケル・トーマス……153
マイケル・ブレッカー……14, 15, 113, 152
マイルス・デイヴィス……5, 6, 22, 30, 33-35, 41, 42-46, 51, 55, 58, 61, 66, 69, 74, 75, 85-89, 91-94, 96-99, 102, 103, 106-117, 121, 124, 126, 128, 133, 135, 138, 140, 144, 145, 148, 186
マイルス・モーズリー……71, 150
マクスウェル・ハレット……158
マシュー・ギャリソン……116
マシュー・ジー……67
マックス・ローチ……42, 43, 58, 82, 86, 128
マッコイ・タイナー……103, 104, 105, 108, 113, 122, 134, 141
マッツ・アイレットセン……159
松任谷(荒井)由実……16
松丸契……160
マティアス・アイク……159
マハヴィシュヌ・オーケストラ……45
ママス&パパス……15
マリア・シュナイダー……66, 154
マルコムX……33
マンデル・ロウ……98
ミシェル・カミロ……143
ミシェル・ファイファー……26, 27
ミシェル・ペトルチアーニ……144
ミッキー吉野……24
ミルト・ジャクソン……130, 140, 142
ミルトン・ナシメント……45, 107, 108
ミロスラフ・ヴィトウス……107, 117, 136
村上春樹……167
メイナード・ファーガソン……107, 114, 115
メトロポール・オーケストラ・ビッグバンド……155
メルヴィン・ライン……140
メル・ルイス……127
メロディ・ガルドー……139
モーガン・ルイス……129
モーゼス・ボイド……158
モート・ディクソン……126
モーリス・ロネ……22
モダン・ジャズ・カルテット……62, 139, 142
本仮屋ユイカ……24
モンケストラ……128
モンゴ・サンタマリア……122

## や行

矢口史靖……24
山下洋輔……23, 160
ユーミン(松任谷由実)……16
ユリシーズ・オーウェンス……134
吉成伸幸……30
吉久修平……169
ヨン・バルケ……159

## ら行

ライアン・ゴズリング……25
ライオネル・ハンプトン……132, 186
ラウル・ミドン……112
ラス・コロンボ……131
ラッキー・トンプソン……55
ラッセル・プロコープ……82, 83
ラッセル・ムーア……78
ラリー・ゴールディングス……139
ラリー・コリエル……64
ラリー・ファレル……154
ラリー・ヤング……96
ランディ・ブレッカー……130
リー・モーガン……58, 59, 123, 137
リオーネル・ルエケ……127
リズ・ライト……122
リターン・トゥ・フォーエヴァー 34, 143
リチャード・ニクソン……81
リチャード・ボナ……115-117
リチャード・ロジャース……134, 135
リッキー・リー・ジョーンズ……126
リッチ・ペリー……154
リル・ハーディン……76, 79
リンゴ・スター……136
ルイ・アームストロング……3, 4, 6, 25, 32, 34, 37, 52, 53, 68, 69, 72, 74-76, 78, 79, 83, 121, 129, 132, 148, 182
ルイ・スクラヴィス……72
ルイ・マル……22
ルシアナ・ソウザ……154
ルディ・ヴァン・ゲルダー……59
レイ・コープランド……90
レイ・チャールズ……59, 139
レイ・ナンス……83
レイ・ブライアント……139
レイ・ブラウン……132, 141, 144
レイ・ヘンダーソン……126
レウナルド・ジョーンズ……67
レジー・ワークマン……108
レスター・ケーニッヒ……57
レスター・ヤング……50, 53, 68, 125, 182, 186
レッド・ガーランド……126
レディオヘッド……35, 144
レニー・ニーハウス……23
レニー・ホワイト……96
ロイ・エルドリッジ……186
ロイ・ハーグローヴ……19, 130
ロイ・ヘインズ……123, 136
ロイ・ポーター……55
ローリー・フリンク……154
ローリング・ストーンズ……33
ローレンス・キース……84
ローレンス・ブラウン……82, 83
ロック・イット・バンド……112
ロック・シッカローン……154
ロナルド・ブルーナー・ジュニア……71, 150
ロバート・グラスパー……35, 47, 48, 71, 122, 133, 144, 149, 151
ロバート・グラスパー・エクスペリメント……122
ロバート・ケネディ……34
ロバート・バドロー……25
ロバート・ペイジ……140
ロブ・ターナー……157
ロレツ・アレキサンドリア……141
ロレンツ・ハート……135
ロン・カーター……61, 112, 113, 127, 130, 133, 135

## わ

渡辺香津美……16
渡辺貞夫……117, 128, 160, 170

## アルファベット

E・Y・ハーバーグ……139
HIROMI'S SONICBLOOM……134
JABBERLOOP……134
J・J・ジョンソン……56
Official 髭男 dism……20
R+R=NOW……151
RUN DMC……35
SMAP……19
Sons of Kemet……158
T- スクェア……160
U2……136
V.S.O.P. クインテット(ザ・)……34, 107, 108, 111, 112, 113, 144
YMO……30

チャーリー・ラウズ....................6, 89-91
チャールズ・ピロー...................153, 154
チャールズ・ミンガス
................................34, 56, 82, 105
チャールズ・モフェット.........................63
チャールズ・ロイド..............................34
チャック・コナーズ..............................82
チャック・ヘディックス........................87
筒井康隆...............................23, 24, 30
ディアンジェロ......................................19
ディー・ディー・ブリッジウォーター
.................................................................122
デイヴ・グルーシン........................26, 27
デイヴ・ブルーベック....................18, 61
デイヴ・ホランド.................95, 96, 123
ディジー・ガレスピー..............4, 40, 41, 55, 84-89, 92, 102, 103, 128, 137
ディック・ボック.................................26
ティム・リーズ....................................154
ティム・ルフェーヴル.........................152
テイラー・マクファーリン.................151
デヴィッド・アイゼンゾン....................63
デヴィッド・サンボーン......................117
デヴィッド・ビニー.............................152
デヴィッド・フュージンスキー............134
デヴィッド・ブレイド...........................25
デヴィッド・ボウイ.....................35, 152
テオ・マセロ.........................................97
テオン・クロス....................................158
デクスター・ゴードン
....................27, 28, 125, 137, 140
デビイ（・エヴァンス）..............100, 101
デミアン・チャゼル.............................25
デューク・エリントン..........................32, 34, 39, 66, 80, 82, 83, 120, 141
デューク・ピアソン.............................138
テラス・マーティン.............................151
デリック・ホッジ.....................122, 151
トゥーツ・シールマンス.........................72
ドゥワイト・トリブル....................71, 150
トドール・カバコフ..............................25
ドド・マーマローサ..............................55
ドナルド・トランプ..............................35
ドナルド・バード................58, 110, 111
ドナルド・フェイゲン...........................64
トニー・ウィリアムス...........................33, 61, 112, 113, 127, 132, 133, 135
トニー・オースチン.......................71, 150
トニー・カドレック.............................154
トニー・グレイ....................................134
トニー・スコット..................................98
トニーニョ・オルタ..............................45
トマティート.......................................143
トミー・フラナガン....................113, 129
トミー・ポッター..................................86
トミー・リピューマ..............................30
トム・スキナー....................................158
トム・ペンダーガスト...........................40
トラミー・ヤング..................................53
ドリス・デイ.......................................132
トリッキー・サム・ナントン...........80, 83
トリロク・グルトウ.............................116
ドン・アライアス.........................96, 128
ドン・フリードマン.............................130


## な行


中平穂積.............................................167
中山康樹..............................................30
ナット・キング・コール...................5, 69
ナラダ・マイケル・ウォルデン...........128
ナンシー・ウィルソン..........................138
ナンシー・ハミルトン..........................129
ニーナ・シモン....................................145
ニールス・ペデルセン..........................144
ニコ・アボンドロ.................................139
ニッキ・パロット.................................132
ニック・ブラッカ.................................157
ニルス・ペッター・モルヴェル.............35
ヌバイア・ガルシア..............35, 48, 158
ネイティヴ・サン................................160
ネイト・ウッド....................................152
熱帯ジャズ楽団...................................143
ネッド・ワシントン....................138, 144
ノーマン・グランツ..............................87
ノラ・ジョーンズ..................................35


## は行


ハーヴェイ・ブルックス........................96
パーシー・ヒース................................142
バーニー・ケッセル...........15, 129, 141
バーニー・ビガード..............................53
バーネット・ディームス.......................53
ハービー・ハンコック
......27, 28, 33-35, 45, 51, 60, 61, 93, 107, 109, 110, 112, 113, 127, 128, 133, 135, 140, 144, 145, 151
ハービー・フィールズ...........................99
ハービー・マン....................................145
ハーブ・エリス....................................144
ハーブ・ジョーンズ..............................82
ハーラン・レナード..............................84
パコ・セリー.......................................116
挾間美帆....................................155, 160
パスクァーレ・グラッソ.......................137
バスター・クーパー..............................82
バック・クレイトン.............................186
パット・マルティーノ.........................131
パット・メセニー
...... 15, 35, 45, 47, 117, 123, 137
バッハ.......................................62, 100
バディ・ボールデン................30, 32, 37
バド・シャンク......................................15
バド・パウエル.....28, 86, 87, 137, 139
パトリース・クイン.......................71, 150
バニー・パウエル..................................67
パノニカ・ロスチャイルド男爵夫人.......85
羽生勇之助.........................................173
バラード・マクドナルド.......................128
ハリー・エヴァンス..............................98
ハリー・カーネイ..........80, 82, 83, 141
ハリー・ジェイムス.............................144
ハロルド・アーレン.............................139
ハロルド・ウエスト..............................86
ハワード・ディーツ.............................146
ハンク・ジョーンズ..........113, 124, 128
ハンク・モブレー................................123
ハンプトン・ホウズ....................129, 146
ピーター・アースキン..........................130
ビーチ・ボーイズ（ザ・）...... 15, 33, 43
ピート・ウェアハム.............................158
ビートルズ（ザ・）
..... 33, 34, 43, 44, 61, 64, 79, 120
樋口重光.............................................164
樋口ムツ.............................................164
ビックス・バイダーベック.....................38
日野皓正.............................................160
ビリー・エクスタイン............85, 86, 92
ビリー・カイル................................53, 78
ビリー・ジョエル..................................15
ビリー・ストレイホーン
................................80, 81, 83, 141
ビリー・ホリデイ
...........33, 68, 69, 125, 131, 132
ビル・エヴァンス.........................................
20, 29, 34, 43, 44, 96, 98, 100, 101, 110, 124, 127, 135, 138, 146
ビル・グラハム....................................67
ビル・フリゼール..........................47, 142
ビル・ラズウェル...........................34, 47
ビング・クロスビー...........79, 132, 181
ファッツ・ドミノ..................................59
ファッツ・ナヴァロ..................................6
ファラオ・サンダース..........................105
ファン・ティゾール..............................83
フィリー・ジョー・ジョーンズ
.........................................20, 126, 138
フィル・ウッズ......................................15
フォーレ.............................................100
フォレスト・ウィテカー.........................23
二村定一.............................................118
ブライアン・ブレイド....................35, 107
ブラッド・メルドー..............35, 47, 153
フランキー・トランバウアー.................38
フランク・ウェス..................................67
フランク・キンブロー..........................154
フランク・シナトラ
..................69, 79, 135, 136, 144
フランク・パパレリ.............................137
フランク・フォスター...........................67
フランクリン・ルーズベルト..........32, 39
フランシス・ポードラス.........................28
ブランドン・コールマン................71, 150
ブランフォード・マルサリス.......46, 132
フランソワ・クリュゼ.....................27, 28
プリンス...............................................35
ブルース・リー.............................71, 150
古谷一行...............................................23
ブレッカー・ブラザーズ........................19
フレッチャー・ヘンダーソン
.........................................66, 76, 77
フレッド・アステア.............................136
フレッド・カッツ.................................123
フレッド・ハーシュ....................142, 146
フレディ・グリーン..............................67
フレディ・ハバード
................61, 112, 113, 133, 146
フレディ・レッド..................................20
フローラ・プリム..........................65, 143
ブロニスワフ・ケイパー...........130, 138
ベッカ・スティーヴンス......................153
ベッシー・スミス...................................68
ヘッド・ハンターズ.....................112, 133
ペドロ・マルティンス..........................156
ベニー・グッドマン
.........32, 38, 39, 53, 54, 66, 129
ベニー・ゴルソン..........................59, 137
ヘルゲ・ノールバッケン......................159
ベルトラン・タヴェルニエ.....................27
ヘル・ファイターズ...............................37
ペレス・プラード..................................33
ヘレン・フォレスト..............................129
ベン・ウェブスター..............................80

## 監修：後藤雅洋（ごとう・まさひろ）

1947年東京生まれ。慶應義塾大学在学中の67年、東京・四谷にジャズ喫茶「いーぐる」を開店。店主として55年にわたり店に立ち続ける一方、音楽評論家としても多数の著作を刊行。ジャズの魅力を精力的に伝道している。膨大な量に加え、偏向することのないニュートラルなジャズ聴取体験に基づく具体的かつ明晰な文章は、ジャズ・マニアのみならず多くの音楽ファンから圧倒的な支持を得ている。

イラスト：田上千晶

カバーデザイン：アンパサンドワークス（三木和彦・林みよ子）

編集・本文デザイン：池上信次

編集：土肥由美子（株式会社世界文化社）

校正：株式会社ヴェリタ

※掲載の情報はすべて2022年11月現在のものです。

---

知れば知るほど、面白い
**ゼロから分かる！ジャズ入門**

発行日　2023年1月5日　初版第1刷発行
　　　　2023年3月10日　　第2刷発行

監修者　後藤雅洋
発行者　秋山和輝

発　行　株式会社世界文化社
　　　　〒102-8187　東京都千代田区九段北4-2-29
電　話　03-3262-5124（編集部）
電　話　03-3262-5115（販売部）
印刷・製本　株式会社リーブルテック


ISBN 978-4-418-22233-9